首席经济学家系列 ❶

# 中国经济的韧性

## 以全球视野看中国经济如何构建发展新格局

沈建光 ◎ 著

中国友谊出版公司

目 录

序言：数字化的力量 _1

## 第 1 章　新冠肺炎疫情深刻影响全球经济

重回大萧条？警示还是误导 _3
疫情造成的衰退会演变成金融危机吗 _10
RCEP：全球化逆流下的突围与反击 _17
中美经贸关系将逐步转为"遏制 + 合作" _22
后安倍时代的"安倍经济学" _29

## 第 2 章　美国"再工业化"与全球产业链重构

全球产业链重构下中国的挑战与应对 _37
"二战"后美国制造业的变迁与衰落 _41
高端制造回流，能挽救衰落的美国制造业吗 _51

产业链外迁，中国怎么办 _61
东盟贸易增长背后的产业链风险 _66
纺织行业如何应对产业链转移压力 _72
群雄逐鹿之下，中国投资如何布局越南 _81

## 第 3 章　把脉后疫情时代中国经济发展新特征

再议破除"四万亿"恐惧症 _97
从 2000 家企业季报看疫情冲击 _106
后疫情时代，出口怎么走 _112
提振消费的五大挑战和应对 _116
逆势之下，中国 FDI 何以跃居世界第一 _120
内循环下房地产调控走向何方 _125
经济复苏的挑战与应对 _131

## 第 4 章　数字经济助力提升中国经济韧性

抓住数字经济发展机遇，释放数据生产力 _139
以"双循环"应对"大变局" _155
疫情推动中国新一轮产业数字化变革 _162
产业数字化打造数字经济新高地 _169
把脉"新基建"：如何打造中国数字经济的未来 _175

数字经济助力双循环 _183

看清经济学与科技融合的大趋势 _187

## 第 5 章　科技赋能金融数字化

数字科技赋能消费金融 _195

"科技创新"战略有何深意 _203

Big Tech 推动金融数字化变革 _211

金融数字化进阶之路 _220

数字化打造良好金融生态 _228

数字科技赋能金融监管 _235

## 第 6 章　构建新发展格局面临的机遇与挑战

新货币理论下的突围之路 _243

拜登刺激新政的风险和机会 _248

超宽松货币下的资产价格走势 _253

拜登新政下的八大看点 _258

2021 年美元反转的三大原因 _263

关注后疫情时代中国经济的六大转变 _267

政府工作报告勾勒"十四五"开局之年经济重点 _274

创纪录增长后,中国出口如何演进 _280

序 言

# 数字化的力量

我从事中国经济研究有近30年时间,起于欧洲,辗转于芬兰央行、经合组织、欧洲央行、国际货币基金组织(IMF),10多年时间里在赫尔辛基、巴黎、法兰克福、华盛顿等地关注中国经济的腾飞。2007年,我回到香港,先后加入中金公司和瑞穗证券亚洲公司,在这个背靠祖国内地、放眼全球的地方,近距离看中国和研究中国经济,从指导投资的角度向海外主要机构投资者、跨国公司负责人介绍和预判中国经济运行趋势。

2018年对我来说又是一次新的尝试。此前一年,一家科技公司高管找到我,向我描绘了"用大数据和人工智能的方法来精准、实时研究中国宏观经济大势"的远景。这个提议直击我心,过去很长一段时间里,传统经济学研究少有理论性突破,一些经济学原理也很难解释当下的经济现象,比如中国经济崛起、负利率的蔓延和影响等。也许,利用大数据及机器学习等新方法做宏观研究,可以打破传统经济学的瓶颈,而这一点,只有大型科技企业能做到。于是,我离开了国际投行,成为中国第一位科技公司首席经济学家。

科技公司的工作模式和研究方法均和以往有很大差别，所幸我很快组建了团队，摸索新的宏观研究思路，并做了一些有益尝试。

**数字化的力量，让我看到了中国经济的韧性**

改革开放40多年来，中国经济踏浪前行，实现了年均超9%的增长，成为世界第二大经济体。同时，随着工业体系逐步完善，生产由低端向中高端迈进，中国成为全球最大的工业制造国，又从工业化迈入信息数字化，人口红利和科技进步等因素在其中起到了巨大作用。然而，随着刘易斯拐点凸显、环境污染成本上升、资本投资回报率下滑、出口份额达到顶峰，传统生产要素对经济的拉动已显疲态。2012年开始，中国经济已从高速增长转向中速增长，经济增速低于8%。2016年以后，经济增速下降到"6"时代，进入新常态。

在新形势下，党的十九届四中全会首次把"数据"增列为第七大生产要素，提出"健全劳动、资本、土地、知识、技术、管理、数据等生产要素由市场评价贡献、按贡献决定报酬的机制"。这大幅提升了数字经济在国民经济中的地位，也为产业数字化转型提供了政策导向。党的十九届五中全会提出"坚持创新在我国现代化建设全局中的核心地位，把科技自立自强作为国家发展的战略支撑"。科技创新上升为国家战略高度，未来科技的力量将加倍释放。

# 序言

2020年年初，新冠肺炎疫情暴发对经济影响巨大，第一季度中国经济增速下降6.8%，是有记录以来的最低值，但数字经济展示出了蓬勃的生命力，突出体现在强化社会公共安全保障、完善医疗救治体系、健全物资保障体系、助力社会生产有序恢复等各领域，是抗击疫情的重要力量。比如，大数据分析支撑疫情态势研判、疫情防控部署以及对流动人员的疫情监测、精准施策；5G应用加快落地，5G+红外测温、5G+送货机器人、5G+清洁机器人等已活跃在疫情防控的各个场景；人工智能技术帮助医疗机构提高诊疗水平和效果，降低病毒传播风险等。此外，疫情催生居民生活消费习惯出现较大改变，云办公、云课堂、云视频、云商贸、云签约、云医疗、云游戏等新消费需求释放巨大潜力。

当今世界正处于百年未有之大变局，世界经济重心由西方向东方的转移引发了新的博弈和矛盾，经济全球化遭遇逆流，全球能源供需版图深刻变革，国际经济政治格局复杂多变，世界进入动荡变革期，单边主义、保护主义、霸权主义思潮抬头。面对外部挑战，一方面我们应加快构建双循环新发展格局，另一方面应积极推进科技创新，实现科技自立自强，加快数字化产业转型升级。

当前，中国数字技术发展势头良好，以大数据、人工智能、区块链、物联网、云计算和实体经济深度融合为特征的数字经济已成为我国经济和就业的重要支柱。未来在新一轮技术浪潮的推动下，中国经济有望"弯道超车"。

## 大数据创新宏观经济研究范式

大数据驱动对社会问题的研究,恰恰让我们对经济学到底是什么有了更清醒的认识。自2002年瓦里安加入谷歌担任首席经济学家后,如何将大数据和经济学研究整合,已成为经济研究的重点课题。2013年,克拉克奖得主、哈佛经济系哈吉·柴提(Raj Chetty)教授专门开设了"用大数据解决经济和社会问题"课程,深入探讨如何从大数据视角分析社会流动性、税收、教育、创新、气候变化、种族歧视等议题。应用人工智能和大数据研究经济与社会问题有两大优势,一个是数据聚合带来的信息优势,另一个则是方法论发展提升了信息提取能力。大数据拥有比传统问卷小样本调研更可靠的数据,全样本的覆盖能精准观察细分领域,甚至能近似模拟出自然科学的实验。

此前,在投行做经济研究时,我一直遵循"对一手数据量化分析,不看二手报告"的原则。虽然这导致工作更加烦杂,但基于原始数据和素材做出的判断,能让我减少外部干扰,做出更加精确的判断和投资建议。

科技平台上产生的海量数据,为大数据研究提供了丰富的素材,再结合人工智能进行数据分析,打破了原来的宏观研究范式,拓宽了研究视野和边界。我们以此为素材,结合世界经济、中国宏观经济、区域经济以及产业链数据,针对重大经济问题,融合经典经济分析方法和人工智能、大数据分析方法,持续向社会输出了以下几方面研究成果:

第一,实现精细化研究,助力宏观经济研判。比如,疫情冲击下,国内消费恢复缓慢,我们基于大数据识别城市返工情况,基于"工作/闲暇时段订单数量"识别工作饱和程度,发现疫情之后低收入人群就业情况不容乐观,存在"隐形失业",高收入群体线上化程度高,受影响小,而低收入群体受到疫情冲击更为强烈,这些因素都制约消费复苏。对此,我们提出了加大"三保"政策支持力度、挖掘新型消费潜力等建议。

第二,创新编制指数,为政策提供数据支撑。比如,我们编制了大数据消费者信心指数。不同于传统调查问卷,大数据消费者信心指数基于微观消费者的行为特征,既体现了经济学理论的逻辑性,也突出了大数据时代的指数编制特点。再如,编制线上消费品价格指数,与传统消费者价格指数的编制方法相比,线上消费品价格指数具有获取成本低、数据准,篮子商品品类多、覆盖全,宏观监测实时性好、频率高等诸多优势。

第三,聚合多渠道数据,利用AI技术创新研究框架。我们把AI技术和经典计量经济学建模深入融合应用到经济分析中,包括AI识别经济图表、自动报告生成、经济语义分析、创新指数等。比如,我们在做产业链研究时,利用联合国贸易数据库(UN Comtrade)、海关总署数据查询平台等海量数据,将中国进出口的8000多种商品与国民经济行业分类下制造业31个行业逐一映射,透视真实的产业链关系。

目前,我们还在积极推进"AI经济学家"产品实践,集"数据+技术"合力,形成更多高质量、可视化、智能化的研究成果,推动宏观研究领域迈入更加广阔的空间。

## 科技创新的蓬勃之势,让我对未来中国经济满怀期待

当前,中国正在经历经济治理框架的深层次转变,即从实现小康社会阶段的"增长优先"转向共同富裕阶段的"兼顾增长和公平"。中国经济发展面临诸多挑战,比如债务难题、碳中和目标、老龄化加剧、贸易摩擦、产业链重构等,尤其是中美经贸关系的不确定性,将考验中国发展和应变的智慧。

但科技变革的力量,让我对未来充满信心。技术创新可以有效提升生产效率,促进经济高质量发展;同时可以优化分配方式和效率,促进公共服务共享和区域经济协调发展;此外,还可以减少资源消耗,促进生态环境宜居,有助于推进实现"共同富裕"的目标。

中国已成为全球第二大研发投入和知识产出大国,其创新产出对世界来说已成为必不可少的一环。"十四五规划和2035年远景目标纲要"更是为我们描绘了未来的蓝图,即早日实现社会主义现代化,进入创新型国家前列。可以预见,随着技术创新呈现蓬勃之势,技术的力量将推动社会治理、生产、生活方式向数字化转型,既促进中国经济内生性动力的培育,又推动长期视角下中国经济稳定发展,增强中国的国际竞争力。

我把近年的研究心得重新整理,汇集到《中国经济的韧性》这本书中,希望能为读者提供多角度剖析未来中国经济发展的可能性,同时也希望借此书搭建和业内沟通交流的桥梁,共同探索宏观研究的新模式、新途径、新框架。

文末,衷心感谢李剑阁、李扬、吴晓灵、杨伟民4位领导和前

辈对本书内容的肯定及推荐。感谢中国友谊出版公司和杭州蓝狮子文化创意股份有限公司，感谢本书编辑李姗姗、钱晓曦，以及同事朱太辉、张明明、杨芳的辛勤工作和协助。当然，本书中的观点为个人观点，不代表公司的立场，仅供读者参考。

沈建光
2021年8月

# 第 1 章

## 新冠肺炎疫情深刻影响全球经济

## 第 1 章　新冠肺炎疫情深刻影响全球经济

# 重回大萧条？警示还是误导

2020年，新冠肺炎疫情在全球范围内暴发，速度和影响范围之广前所未有，全球金融市场动荡剧烈。美股10天出现4次熔断，短短3周时间跌幅超过30%。其后伴随着美国货币财政刺激相继推出，美股出现回调。美国实体经济亦遭遇重创，制造业、服务业下滑明显，失业大增，2020年全年GDP萎缩3.5%。

面对疫情引发的全球经济金融市场动荡，市场有不少悲观预期，认为此次疫情冲击之大史无前例，将是2008年金融危机冲击的数倍，世界正面临着类似20世纪30年代全球经济萧条的情形。

全球经济是否会面临又一场大萧条？在笔者看来，虽然疫情短期内必将给实体经济带来严重冲击，甚至造成一段时间的经济衰退，但由于本次冲击症结不在于金融系统，而是疫情，因此更类似自然灾害所引发的冲击。正如美联储前主席伯南克所言："比起大萧条，当前状况更像是一场大暴风雪。"

当前全球经济与20世纪30年代大萧条期间相比，在货币制度环境、宏观政策理念、全球贸易情况、银行体系健康程度以及社会保障体系等方面都迥然有别，重归大萧条的担忧其实是一种误导。

在笔者看来，大萧条不会重演，关键在于两者之间有如下五大区别。

## 区别一：货币制度不同，大萧条期间的金本位制限制了货币政策放松

历史多次证明，危机来临时，及时有效的政策应对是防止危机蔓延的核心。大萧条期间，美国实行金本位，政府刺激经济的手段受到极大限制。由于金本位制下一国货币同黄金直接挂钩，出于保证汇率稳定的需要，扩大货币供应需要增加相应的黄金储备；中央银行也难以随意降低利率，因为低利率会引发黄金外流。因而当危机发生时，由于金本位的制约，政府难以实行降息和货币宽松政策。1929年美国衰退开始时，货币政策几乎没有任何有力应对。由于金融市场和实体经济流动性不足，美国陷入严重的通缩，1930~1932年，物价水平累计下降30%。直到1933年4月，作为罗斯福新政的一部分，美国晚于英国两年宣布禁止黄金出口，放弃金本位，通过降息和货币贬值释放了大量流动性，大萧条才得以缓解。

而当前政策空间远高于大萧条时期。2020年3月以来，美联储紧急降息至零利率，同时推出一系列量化宽松政策，包括商业票据融资便利机制（CPFF）、货币市场共同基金流动性工具（MMLF）、货币互换等，甚至承诺无限量QE（量化宽松政

策），确保市场流动性，防止企业和个人因流动性问题出现大规模违约。美联储汲取了应对2008年金融危机时犹豫不决的教训，应对非常及时，极大地安抚了投资者恐慌的心理，有助于避免流动性危机。

## 区别二：财政作用不同，大萧条期间刺激政策严重滞后

大萧条期间，胡佛政府信奉奥地利学派的理论，认为平衡财政才能降低杠杆率，财政紧缩是降低债务、减小经济危机的最佳手段。由于缺乏有效的政策刺激，美国经济在大萧条期间持续恶化。胡佛的财政紧缩加剧了美国经济危机，而罗斯福新政拯救了美国经济。1933年，罗斯福当选美国总统后，在百日内迅速推出罗斯福新政，大幅刺激经济，退出金本位制，增加货币供应，为银行提供担保，同时宣布大规模政府投资计划，提振了投资者和公众的信心，对美国经济回到正轨起到了至关重要的作用。多元而全面的政策组合最终奏效，4年萧条之后，美国经济在1933年开始逐步恢复。

大萧条和数次金融危机之后，宏观经济理论蓬勃发展，政府财政支持被纳入重要的逆周期调节范围。面对本次疫情冲击，美联储和美国政府吸取了大萧条的教训，迅速推出了一系列危机应对政策，行动更为迅速，措施更加有力。在美联储紧急降息、推出无限量QE、扩大抵押债券的购买范围后，2020年3月27日，美国历史上最大规模的2万亿美元财政刺激法案在众议院全票通过，其中包含对企业、个人、医疗体系和地方政府的全方位财政支持

及救助。由于此次疫情对经济的冲击是全方位的，货币和财政政策的协同格外重要。财政支持将对受到疫情冲击的居民和企业直接纾困，在一定程度上减少疫情的冲击。

## 区别三：贸易环境不同，大萧条期间，全球贸易体系坍塌

20世纪30年代，大萧条发生于全球经济扩张的尾声，贸易保护主义和民粹主义在全球蔓延，贸易战造成各国经济陷入更深的衰退。其间，为了消化经济大萧条中过剩的产能，保护本国企业利益，美国在1930年出台了《斯姆特-霍利（Smoot-Hawley）关税法案》，将2万余种进口商品的关税提高到前所未有的水平。该法案引起了其他国家的不满，它们争相对美国采取报复性措施，进一步加剧了贸易保护主义，损害到出口导向型国家的实体经济，并直接引起了失业率的大幅上扬。由于全球报复性加征关税和贸易战的升级，1929~1933年，全球贸易萎缩超过60%；美国出口份额也从53亿美元下降至13亿美元，跌幅达到75%。

而目前全球贸易格局虽在剧烈变化，中美经贸摩擦也几经反复，但与大萧条阶段的全球贸易战的严重程度仍不可比。近年来，虽然美国针对多国发起的贸易摩擦减缓了全球贸易一体化的进程，世界贸易组织（WTO）框架下的多边贸易体系遭受极大挑战，但全球贸易相比大萧条时期已更为自由，关税水平也远低于大萧条时期。同时，尽管早前中美贸易摩擦几经起伏，但已经出现阶段性好转，中美第一阶段经贸协议已经达成，两国经贸关系出现阶段性缓和。可以预期，当前全球经济不会陷入大萧条期间

"经济衰退—贸易战—萧条加剧—贸易战升级"的恶性循环。

## 区别四：金融监管体系与金融安全网健全性不同

大萧条成为世界历史上影响最广泛、最深远的经济危机，并给美国经济带来了持久的冲击，与美国金融市场的监管不力有很大关系。1929年之前，美国证券市场几乎没有任何管理制度，时常出现公开发行股票和债券的公司并未定期发布财报，甚至发布误导性虚假报告的现象，投资者受到的保护极为有限。1929~1933年，由于存款保险制度尚未建立，储户挤兑导致金融风险迅速传染，银行倒闭潮出现，最终超过1万家银行破产，金融秩序彻底崩塌。可以说，大萧条期间，金融监管不健全和存款保险制度缺失加大了经济危机的冲击。

当前美国金融体系的健全性远超大萧条时期。大萧条期间，罗斯福政府建立了一系列重要机构，包括社会保障信托基金、美国证券交易委员会（SEC）、联邦存款保险公司（FDIC）、美国联邦住房管理局等，这些机构至今仍在发挥着重要作用。且当前金融监管体系、宏观审慎监管体系、中央银行最后贷款人、存款保险制度都发挥着重要的作用，金融安全网日益健全，抗风险能力极大提升，由于市场失序导致大萧条重演的可能性大大降低。

## 区别五：社会保障体系的完备性不同

大萧条期间，美国尚未建立完善的社会保障体系，没有公共失业保险，没有社会保障法案，救济穷人的责任主要由家庭、私人慈善机构和地方政府承担，国家几乎没有承担任何危急时刻的救助责任。大萧条来临，消费锐减，居民大量流离失所，失业率飙升，但社会保障制度的缺位以及政府的不作为，导致救济资源远远跟不上激增的需求。1929年，美国失业率仅为2.5%。之后失业率迅速上升，到1933年达到创纪录的25%。当时美国全国有28%的人无法维持生计，流浪人口达200万，而政府缺乏相应的机构来应对和解决大规模的失业问题。

反观当前，美国社会保障体系、失业救助体系已经有序运转多年，可以在危急时刻为失业者和弱势群体提供基本的兜底救助。2020年美国推出的2万亿美元刺激计划里，不仅以退税的形式向每个符合条件的成年人支付1200美元，向每个儿童支付500美元，也为每个失业者每周增加600美元的失业补助。社会保障力度和决心远胜大萧条时期。

综上，笔者认为，更充足的政策空间、更迅速有力的货币和财政刺激、更温和的全球贸易环境、更完备的监管体系和社会保障体系，都为避免疫情向金融危机和经济危机蔓延提供了有利条件。同时，考虑到中国在应对疫情方面积累了丰富的经验，即采取有效隔离和扩大检测等措施，在一个季度内基本控制住疫情，加之主要发达国家疫苗接种加快，全球范围内疫情得到控制只是时间问题，美国经济衰退持续时间也不会太长，更不会重回大萧条。

因此，应对疫情冲击，未来首要任务仍然是做好疫情的防范与控制，尽量缩短疫情冲击的时间。另外，应对中需要执行必要的配套社会公共政策、财政货币政策，以及时纾困，防范因金融资产的恐慌性抛售造成的流动性危机，防范企业生产停工造成的结构性失业攀升、民众收入下滑，进而拖累消费、投资等。

## 疫情造成的衰退会演变成金融危机吗

2020年,新冠肺炎疫情蔓延引发全球金融市场巨震,实体经济遭受重创。IMF预计2020年全球经济萎缩3.3%,在此情形下,有不少观点认为此次危机的严重程度将远超2008年金融危机。

在笔者看来,疫情冲击下全球重回大萧条的判断言过其实,考虑到当前全球经济与大萧条期间在货币制度环境、宏观政策理念、全球贸易情况、银行体系健康程度及社会保障体系等方面都迥然有别,重回大萧条的担忧如上文所说,其实是一种误导。

疫情冲击下的短期经济衰退也不等同于旷日持久的金融危机。尽管在经济下行与股市动荡方面,当前形势与2008年金融危机时非常相似,甚至休克疗法下的短期经济下滑更为严重,但本次危机的症结并非出于金融系统。

当前美国经济基本面与2008年金融危机也有明显区别,如房地产市场和金融体系的稳健性要好于2008年金融危机之时,并没有重要金融机构倒闭;在缓释流动性危机方面,本次美联储的应对也远比雷曼兄弟公司倒闭时果断;加之针对此次疫情,美国推出了史上最大规模的2万亿美元财政刺激计划，财政救济措施直接缓解企业和居民部门流动性压力，对实体经济起到了更为明显的托底作用。

当然，倘若疫情持续时间过长，疫情危机通过影响居民和企业的资产负债表进而向金融体系传导的风险是值得关注的。

2020年突如其来的新冠肺炎疫情，是历史上罕见的公共卫生危机。根据美国约翰霍普金斯大学发布的实时统计数据，截至2021年4月9日，全球已有超过1.3亿人感染新冠肺炎，逾291万人不幸罹难。

考虑到有效隔离和扩大检测是减少人员受感染的最有效措施，在疫情并未得到有效控制之前，对生产生活的限制措施仍将持续。由于疫情阻断了正常的人员、物资、资本的流动，航空、旅游、酒店、餐饮、体验式消费以及部分生产活动受到明显抑制。休克疗法的冲击巨大，经济短期陷入急剧衰退。

## 疫情冲击与2008年金融危机有显著不同

疫情冲击之下，全球经济衰退与金融动荡引发人们对发生大萧条或者金融危机大衰退的担忧。但在笔者看来，经历过近百年的宏观经济理论与实践总结，当前更充足的政策空间、更迅速有力的货币和财政刺激、更温和的全球贸易环境、更完备的监管体系和社会保障体系，都为避免疫情向金融危机和经济危机蔓延提供了有利条件。

另外，尽管当前疫情冲击下的经济比2008年金融危机短期来看要严重许多，但并不意味着全球已经陷入旷日持久的金融危机。原因在于以下几点：

第一，相比2008年金融危机，当前美国房地产市场仍然相对稳健。

可以看到，2008年全球金融危机的主要风险来自多年货币宽松条件下，居民部门过度加杠杆形成的房地产市场泡沫。实际上，自2001年起，美联储连续进行了13次降息，联邦基金利率从最初的6.5%降到了1%，美国金融体系流动性充裕。美国金融机构的借贷成本不断降低，刺激了美国消费者的贷款购房欲望，原本无法借贷的家庭也纷纷加杠杆涌入房市，房地产泡沫迅速扩大。在此期间，居民部门杠杆率由70%升至近100%的历史最高点；全美平均房价涨幅超过80%，不少核心城市上涨超过一倍甚至几倍。相比之下，2020年时美国的房地产市场要稳健很多。

第二，由于次贷危机以来实行的宏观审慎政策和严监管，2020年重要金融机构如大型商业银行的资产负债表要比2008年稳健。

引发2008年金融而危机最重要的因素，除了房地产市场本身的风险，以房贷为底层资产，通过层层切割打包、证券化制作成的金融衍生品加大了金融系统的脆弱性，也是造成金融危机出现的重要原因。当年房地美、房利美收购商业银行手上的抵押住房贷款，将其打包成标准化的房贷抵押支持证券（MBS），出售给投资银行。投资银行可以在抵押债券的基础上，衍生出担保债务凭证（CDO）、信用违约互换（CDS）等衍生品，层层打包转手，推升了金融杠杆率，也造成风险积聚。

对比本次危机，虽然市场曾一度陷入流动性旋涡，风险和避险资产集体下挫，但是这一金融动荡主要体现在资本市场波动，与前期美股估值较高及美国资本市场结构和交易方式的变化，如对冲基金大量使用"风险平价"策略、大量资金通过ETF（交易型开放式指数基金）等被动投资和机器高频交易参与市场等因素有关，并未影响到金融机构的稳定性，造成金融机构倒闭。其后，得益于美联储的快速出手，市场的流动性风险已经得以缓释，美股亦出现回调。

第三，应对金融市场动荡，美联储吸取了2008年金融危机时的教训，措施的出台更加及时，力度更大。

可以看到，应对2008年次贷危机时，美联储在行动上还是多有迟疑的。例如，并未采取及时有效的措施防止雷曼兄弟倒闭，在QE的推出上也是走走停停。就连美联储前主席伯南克在2018年接受采访时也一度反思，政策制定者在应对2008年金融危机时犯了两个关键错误：一是未能事先预料到这场风暴杀伤力如此之强，二是低估了它后来造成的经济损失。而针对引发争议的量化宽松计划，美联储高估了计划的潜在成本，因此执行时多了一些不必要的瞻前顾后。

然而，在面对"新冠危机"引发的流动性挤兑时，2020年3月以来，美联储的行动显然更为迅速和有力（见表1-1）。

表 1-1　2020 年 3 月以来美联储货币政策汇总

| 日期 | 内容 |
|---|---|
| 2020/3/3 | 美联储召开紧急会议（非例会安排）并宣布将联邦基金利率及超额准备金利率下调 50 个基点。 |
| 2020/3/12 | 美联储紧急召开会议并宣布当天将增加 5000 亿美元 3 月期回购，13 日继续投放 5000 亿美元 1 月期和 3 月期回购（两天回购额将增加流动性释放 1 万亿美元）。 |
| 2020/3/15 | 美联储召开紧急会议并宣布下调联邦基金利率 100 个基点至 0~0.25%，并将在接下来的几个月增加购买 5000 亿美元国债和 2000 亿美元金融机构抵押贷款证券，实施"零利率+QE"的政策组合。 |
| 2020/3/17 | 美联储宣布恢复商业票据融资，将支持 1 万亿美元的信贷规模，美国财政部将向美联储提供 100 亿美元的信贷保护；美国政府也表示将推出包括向市民发放现金等更大的财政刺激计划。 |
| 2020/3/19 | 美联储与澳大利亚联储等九大央行建立临时美元互换机制，以提供美元流动性。 |
| 2020/3/20 | 美联储宣布提高与其他国家央行的货币互换额度，互换安排将从 2020 年 3 月 23 日启动，至少持续到 4 月底。 |
| 2020/3/23 | 美联储宣布实施无上限量化宽松货币政策（无限量 QE），当周开始每天购买 750 亿美元国债和 500 亿美元住房贷款抵押证券，且每日和定期回购利率重设为 0。 |
| 2020/3/27 | 美国正式通过 2 万亿美元的经济刺激法案，并获得签署，生效成为法律。 |
| 2020/3/31 | 美联储宣布设立海外央行回购工具，在已有的美元互换工具基础上进一步向全球提供美元流动性。 |
| 2020/4/9 | 美联储宣布将采取进一步措施提供高达 2.3 万亿美元贷款。 |

第四，应对疫情的财政刺激，力度之大史无前例。

2008 年金融危机始发于金融系统，后向实体经济传导，奥巴马政府于 2009 年 1 月出台了促进经济恢复和改善就业财政刺激方案，即"美国复苏和再投资计划"（ARRP），总计 8500 亿美元，涵盖 2750 亿美元的减税计划及 870 亿美元的医疗支出、790 亿美元的教育支出、900 亿美元的基建支出等。

对比此次疫情冲击，美国的民主党与共和党在极短的时间里便就美国历史上最大规模的经济刺激"大礼包"达成共识。2020年3月27日，2万亿美元的经济刺激法案正式生效并立即执行。

## 警惕经济衰退向金融危机演化

从上述角度来看，笔者认为，本次疫情冲击与金融危机存在较大区别，当前并未出现金融机构特别是一些系统重要性金融机构倒闭，进而冲击金融体系的局面。各国为应对疫情危机，也都第一时间出台了危机管理的政策举措。伴随着未来疫情进程得到控制，实体经济有望尽早从衰退中走出，对避免陷入旷日持久的金融危机还是有有利条件的。

当然，短期经济衰退是否会向金融危机演化，仍然值得警惕，原因在于两点。首先，当前全球新冠肺炎疫情暂没有得到有效控制，持续时间较长。且相比以往的流行疾病，新冠肺炎传染率高、潜伏期超长，有不少无症状者的存在，使得疫情防控难度空前加大。其次，疫情冲击损伤居民与企业各部门资产负债表，非金融企业财务危机加剧，居民部门由于失业上升、收入下降，导致偿债能力降低。政策纾困至关重要，否则很容易影响金融机构的资产负债表。倘若叠加流动性风险，则容易造成市场情绪的恐慌，并对金融体系造成挤兑，加大金融系统性风险。

因此，当前首要任务仍是各国通力协作，加强疫情的防范与控制，采取有效隔离和扩大检测等措施，加大科研力量研制疫苗，将外部冲击影响经济的时间控制到最短。同时，采取必要的配套社会公共政策、财政货币政策,加大必要的纾困政策,防范企业停工倒闭造成的结构性失业攀升、收入下滑,进而对消费、投资造成连锁打击,防范全球经济陷入长期衰退。

# RCEP：全球化逆流下的突围与反击

历时8年谈判的《区域全面经济伙伴关系协定》（RCEP）终于在2020年11月15日正式签署。作为涵盖东盟10国、中国、日本、韩国、澳大利亚、新西兰的全球最大自贸区，RCEP的实施旨在带来更广泛的货物贸易零关税，以及更高层次的服务贸易和投资开放水平。

当然，考虑到中国此前已与RCEP日本以外的所有国家有过双边贸易协定，与东盟的自贸协定也已经削减了90%的关税，且下一步关税减免并非一蹴而就，而是在20年内逐渐推进，因而可以预期，RCEP的短期影响是有限的。

RCEP最大的突破在于亚太区域经济一体化的巨大进展，以及首个中日贸易协定安排。与此同时，在近年来逆全球化加剧、贸易保护主义大行其道的背景下，东亚区域一体化的突围，有助于发挥区域供应链优势，促进更广泛的合作与融合，亦为中国促进国内国际双循环、实行更高水平的开放迎来新契机。

## RCEP的战略意义较为显著

在疫情不退、逆全球化思潮盛行之时，RCEP签署本身具有战略意义，它是新形势下推广多边主义的一块基石。

第一，RCEP是对逆全球化思潮的反击。特朗普政府奉行"美国优先"的保护主义，先是退出奥巴马时代签署的高规格、高覆盖面的《跨太平洋伙伴关系协定》（TPP）；其后对传统贸易伙伴施压，重新签订"美国-墨西哥-加拿大协定"（《美墨加协定》）等贸易协议，试图推动汽车等制造业回流北美或直接回到美国本土；再是在谈判中向日本等国提出"毒丸"条款，迫使第三方国家在中美之间选边站。对此，依赖全球贸易的东亚国家对贸易自由化要求反而更强烈，这为RCEP谈判提供难得的窗口期。展望未来，尽管美国新一届总统拜登上台后，在对外贸易政策方面会与特朗普明显不同，但考虑到自贸谈判耗时较长、不确定性大，且重返TPP不在民主党最新的纲领中，预期美国在2022年中期选举之前无法实质性重回《全面与进步跨太平洋伙伴关系协定》（CPTPP）谈判，RCEP已具有一定程度的先发优势。

第二，亚太全球产业链枢纽优势进一步巩固。2019年，RCEP15个成员国总人口达22.7亿，GDP达26万亿美元，出口总额达5.2万亿美元，均占全球总量的1/3左右，RCEP已成为目前全球体量最大的自贸区。与此同时，亚太内部合作紧密，产业链完备。2020年前三个季度，东盟已一举超过欧盟，成为中国的第一大贸易伙伴，且与产业链布局有关的资本品贸易、中间品贸易和直接投资迅速增长。RCEP关税减让安排和原产地规则，进一步降低了区域内部产业链合作成本,也使得欧美发达国家回迁产业链面临更高的相对成本,有助于使产业链留在亚太地区。

第三,RCEP是中日首次加入同一自贸框架。由于中国与日本之外的14国家都有双边贸易协定,因此,此次中日自贸安排是最大的增量。日本是仅次于东盟、欧盟、美国的中国第四大贸易伙伴,2019年中国对日出口1432亿美元,主要集中在服装(12.1%)、计算机(6.8%)、手机(6.2%)、电器;而中国自日本进口1715亿美元,主要为机械(12.2%)、汽车及零件(10.3%)、集成电路(10.1%)和精密仪器,美妆和食品亦受中国消费者欢迎。但相比中国与其他主要经济体贸易发展迅速,中日贸易规模在过去10年停滞不前。RCEP预计将对中日出口有较大提振,未来日本出口至中国的机械、汽车零部件和食品,以及中国出口至日本的服装、鞋帽、箱包,将是双边关税逐步减让的主要受益者。中日电子、电气和精密仪器等产品领域的贸易已经实现双边零关税,基本不受影响;中国自日本进口的汽车、美妆产品关税保持不变,受影响较为轻微。

## 不应高估RCEP的短期影响

RCEP意义更多体现在长期,短期影响和改变是有限的。具体体现在:

第一,整体关税减让力度并不大。如上文所述,在RCEP签署前,大部分国家便已缔结了多项自贸协定,如作为谈判发起方的东盟本身已经构成单一市场,并在"东盟+1"框架下与中国、日本、韩国、澳大利亚和新西兰签署了相关自贸协定，中国与东盟的自贸协定已经削减了90%的关税。事实上，除了缺少中日、日韩的"拼图"，亚太地区的贸易版图已经完全被双边自贸协定覆盖。此外，从中国进口角度来说，关税仅是海外商品税收的一环，更多税收来自进口增值税与消费税。2020年前三个季度，进口增值税和消费税合计1.1万亿元，远高于关税的1899亿元，显示仅是关税减让对最终购买者而言影响有限。

第二，关税减让周期长，进展快慢与政治经济环境相关，存在不确定性。RCEP关税减让是个长期过程，协议中大多数减免设置了10~20年的过渡期，之后才实现零关税。相比之下，号称"现代自贸协定"的《欧盟-越南自由贸易协定》（EVFTA）在生效后立即取消71%的关税，之后7~10年完成剩余关税的逐步取消，最终取消99%的关税。此外，即便在同一自贸区，不同国家之间也存在差异化减税标准，如在服装鞋帽等品类，日本承诺RCEP生效后立即免除对东盟和澳新的全部关税，但对中韩则是渐进削减关税，说明国家战略与地缘政治考虑、产业结构竞争性的考量，均是影响合作深度的重要因素。

第三，RCEP目前主要以货物贸易协定为主，在服务贸易与投资协定方面的进展并不显著。与如今经贸协定越来越多地涉及服务贸易和非贸易要素有别，RCEP主要停留在货物贸易领域，服务贸易规则涉及较少，特别是缔约国在电子商务方面分歧较大，围绕电商跨境的数字产品交易、隐私保护、消费者保护和跨境数据存放等问题，现阶段并未形成成熟的框架。RCEP对服务贸易采用正面、负面清单结合模式，与仅采用负面清单的CPTPP在开放程度上有所区别。同时，RCEP对数据、环境、劳动力工作条件等非贸易要素要求不高，这也使得该协定更容易被缔约国接受。

综上，笔者认为，RCEP的签订是全球化逆流之下多边主义的一次突围和反击，对于推进东亚产业合作、加速中日韩贸易一体化、对抗贸易保护主义冲击具有重要战略意义。当然，东亚区域一体化是起点而非终点，考虑到关税减免是个长期过程，且政策层面的日韩争议、中澳纠纷仍将左右贸易区成员的紧密程度，RCEP的短期作用与效果并不宜被高估。展望未来，中国仍需以RCEP为基础，加快推动建设更高质量的经贸协定与对外开放。一方面，升级RCEP至更加实质的服务贸易和投资领域；另一方面，借助RCEP尽早促成中日韩自贸区协议签订，以实现更加紧密的东亚区域一体化合作。

# 中美经贸关系将逐步转为"遏制+合作"

近年来,中美经贸关系在美国持续对华加征关税的背景下不断恶化,导致2019年东盟超越美国,成为中国第二大贸易伙伴。然而,2020年新冠肺炎疫情扰动全球经贸秩序,中国率先走出疫情阴霾后,成为全球商品供应链的中坚力量。在全球贸易规模萎缩10%的背景下,中国出口增速逆势走高,占全球比重从2019年的14%跃升至18%。即使是在关税加码背景下,中美贸易的表现也超出预期,中国对美出口保持了强劲势头:2020年11月,中国对美出口达到46.1%的高增速,全球一枝独秀。

展望2021年,中美贸易能否延续强势?拜登新政府上任之后,屡经波折的中美经贸关系又能否重回正轨?

## 中美贸易远超预期的背后

在2020年的疫情影响下,中美贸易关系一改贸易摩擦下的低迷,表现远超市场预期。2020年,中国和美国的贸易总额近4.1万亿元,同比增长8.8%。具体来看,中国累计对美国出口3.1万亿元,同比增长8.8%;中国自美国进口9318.7亿元,增长10.1%。

面对2020年3月全面暴发的新冠肺炎疫情,美国以空前的财政刺激和货币宽松稳定经济支撑消费,零售同比6月即回正。但是特朗普政府对抗疫情措施乏善可陈,致使美国陷入"停工停产—疫情缓解—复工复产—疫情复发"的困境,供给无法恢复。结果美国陷入供需缺口,生产恢复大幅慢于需求恢复,产能缺口显著。

而控制住疫情后,中国供给侧迅速恢复,凭借超大产能和制造业门类齐全优势,有效填补缺口。从疫情早期的口罩、防护服、呼吸机、计算机,到疫情中后期的家具家电、电子和日常消费品,对美出口2020年全年同比增长8.2%,2020年8月以来各月同比增速均维持在20%以上,11月时甚至接近50%。

这样的出口增速建立在中国本已十分庞大、具有韧性的供给能力的基础上,在全球供需缺口扩大的背景下,中国迅速增加了市场份额。2020年,中国以18.6%的占比重新成为美国进口最大来源地,反超欧盟,显著领先加拿大、墨西哥、东盟等美国的主要贸易伙伴。这也显示出尽管特朗普政府的种种措施对中美经贸关系造成巨大影响,但美国对中国的商品出口依赖性反而增加了。

在笔者看来,疫情之下中美贸易之所以逆势上涨,主要有如下几个原因:

第一,美国调降了部分自华进口商品的关税。疫情暴发后,美国国内对防疫物资的需求大增,但由于美国缺乏本土生产能力,包括口罩、防护服、呼吸机、清洁消毒用品在内的防疫用品迅速陷入短缺。特朗普政府旋即紧急公布排除清单，将中国相关产品的关税全数免除；之后，美国政府又公布了更多批次的排除清单，将部分食品、化学品、日用品、电机也纳入免征范围。关税清零使得中国输美商品的"摩擦成本"显著降低，对贸易额起到提振。

第二，美国财政政策支持国内消费需求迅速反弹。2020年6月以后，在《冠状病毒援助、救济、经济保障法案》（Coronavirus Aid, Relief, and Economic Security Act，又称《CARES法案》）和美联储无限量宽松的强有力刺激下，美国居民可支配收入上升，零售增速大幅反弹，房地产成交和汽车等耐用品销售尤其旺盛，带动房地产后周期消费品销售旺盛。但由于美国生产端仍然受到疫情制约，制造业生产指数同比维持负增长，导致对华电子设备、家居等相关需求大增。数据显示，中国家用电器、家具、灯具出口增速达到三到四成。

2020年11月后，美国疫情卷土重来，11、12月月均确诊为20万例，是2020年第三季度的4~5倍。在此背景下，美国的防疫用品需求反弹，织物、塑料、医疗仪器进口加速上升；同时，消费需求缺口进一步扩大叠加楼市火热延续，推动上述中国消费品出口全线上升。这也是2020年11月中国对美出口增速"上台阶"的原因。

第三，尽管受到疫情影响，中方仍在尽最大努力履行中美贸易协定。自美进口方面，截至2020年12月，中国农产品采购达到规定第一阶段经贸协议全年金额的64.5%，制成品采购达到59.8%，能源采购达到38.7%。整体来看，2020年虽然中方履行进度落后于贸易协定,但在疫情的巨大影响下,这一进度实际上是好于外界预期的。事实上,美方也认可中国在履行协议方面的努力。在笔者看来,这不仅要归功于中国维护双边经贸关系、履行经贸协议的积极性,还得益于中国较早走出疫情,对农产品和制成品的需求恢复较快。

## 2021年的中美贸易前景

上述分析凸显出美国对中国的依赖不容低估。尽管过去几年,高额关税对中美双边贸易产生了较大的负面影响,在统计数据上,美国也被东盟和欧盟超过,滑落为中国的第三大出口目的地,加征关税越高的商品贸易额降幅越大。然而,从疫情之下的中美贸易逆势反弹情况看,中国对美出口的依赖,短期内仍难以替代。

更进一步看,疫情甚至对中美经贸关系产生了正向促进作用。一是从口罩、防护服到消毒液、呼吸机,美国的"抗疫"物资需求大部分是通过自中国的进口来满足的。二是以2020年年初为基点,美国自中国进口制成品的价格指数仅上升0.2%,而自加拿大、墨西哥、拉美地区、欧盟地区进口制成品的价格指数则分别上升3.5%、2.7%、2.5%、1.0%。在疫情造成的巨大供给冲击下,中国出口有助于美国的价格稳定。三是从纺织服装行业看,虽然在中国因成本上升和贸易摩擦导致部分境内相关企业外迁,从而使得大量对美欧的出口订单转至印度等新兴市场国家,但疫情导致的海外停产,使不少订单在2020年下半年又回流中国,在满足美国需求的同时,也缓解了中国纺服企业"无工可复"的困境。

2021年,全球经济的关键词仍将是"抗疫"和复苏。可以肯定的是,2021年上半年,发达国家将试图通过大规模接种疫苗来获得群体免疫能力,但民众接种意愿不确定、疫苗未知的副作用、病毒毒株的变异、发达国家与新兴国家疫苗分配不均,将对疫苗驱动的复苏节奏构成干扰。

如果随着疫苗普及,美国疫情好转较快,那么补库周期将继续上行,企业资本支出周期加速启动,对中国的资本品、中间品出口利好较大。如果疫情出现反复,如病毒发生变异或疫苗产生严重不良反应,那么美联储的坚定宽松政策和新一轮财政刺激将继续托底居民商品需求,利好中国消费品出口。中国对美出口虽然难以再现46.1%的增幅,但大概率能够保持稳健,至少能够显著高于2019年贸易摩擦白热化时期的水平。

## 中长期视角下的中美经贸关系

中长期视角下,拜登任内的中美经贸关系将更加可预测。从其表态和任命来看,对拜登的贸易政策可以明确归纳出三个特点:第一,将更多地与外交和内政政策协同配合。如拜登任命的贸易代表戴琦表示,拜登"计划中的每一项都牵涉贸易,但没有一个专门针对贸易本身的计划"。第二,主动出击,重拾全球秩序的既有主导者角色,在维护规则的基础上塑造于己有利的贸易规则。这意味着拜登政府将努力恢复WTO仲裁机构的作用，同时力图促成与盟友的新贸易协定。第三，加入"进步主义"（progressive）色彩，以自由贸易推进劳工利益保护和气候变化等议程。这与特朗普的贸易保护主义、关税为先的方针大相径庭。

这意味着中美经贸关系也将从对抗逐步转为"遏制+合作"。从竞争角度看，在2020年年底召开的中央经济工作会议明确提出"积极考虑"加入高规格的CPTPP后，美国与中国竞争该自贸区"盟主"的紧迫性上升，拜登政府很可能提前推动美国重回CPTPP的谈判。更广泛地看，中美将竞争全球经贸规则的主导权，两国势必就贸易背后的价值观、劳工标准、技术标准等问题展开角逐乃至发生冲突。有鉴于此，拜登至少会在名义上保留大部分对华加征关税，将削减关税作为产业补贴、国企待遇等进行后续谈判的交易条件，但有望继续通过关税豁免减轻关税负担。

考虑到两国的经济体量、经济结构及相对优势，中美贸易的密切合作格局中短期内难以改变。鉴于美国的"储蓄—投资"缺口长期存在，美国的经常账户顺差不会主动消失，而中国一直是美国性价比最高的供应商。研究统计显示，中美贸易平均为每个美国家庭节省了850美元的生活成本。反过来，中国庞大的国内市场也令美国无法轻易放弃。

无论如何，中美经贸摩擦再升级的可能不大，而坚韧的经贸关系也将成为中美其他层次双边关系的缓冲器。在较为稳定、可预测的外部形势下，中国可以把更多的精力和灵活性政策用来应对国内风险，推动重心从供给侧结构性改革向需求侧转移。与此同时，随着RCEP的签署、中欧双边投资协定完成谈判，中国在逆全球化后的"再全球化"中已占得先机。而推动更多、更高质量的贸易投资协定谈判，不仅将帮助中国巩固多边合作网络，也将反过来促进国内市场准入、金融治理等方面的改革。

# 后安倍时代的"安倍经济学"

2020年8月28日,安倍晋三宣布因健康原因辞去首相一职。9月14日,内阁官房长官菅义伟在自民党内投票中获胜,至少将担任首相至2021年。菅义伟已经表示将沿袭"安倍经济学",但2021年下半年日本将举行大选,首相职位或生变数。

"安倍经济学"得失参半,但在全球走向"日本化"[1]的今天,分析其经验教训仍有很强的现实意义。作为影响日本乃至全球的重要政策思路,"安倍经济学"是否会在日本长期延续下去?

## 安倍执政7年的成与败

2012年二度当选日本首相后,安倍推出以"三支箭"为代表的"安倍经济学":第一支箭是通过日本央行开展大规模货币宽松政策,旨在推升通胀、贬值日元、提高贸易竞争力,鼓励企业投资和

---

1. 所谓"日本化",可以概括为"三低三高"并存的经济常态:低利率、低通胀、低增长、高福利、高货币、高债务。——编者注

消费者消费；第二支箭是灵活的财政政策，以基建投资拉动总需求，以企业减税激发投资积极性，以上调消费税填补财政支出缺口；第三支箭是结构性改革，旨在克服日本经济复苏的结构性障碍，包括劳动力不足、中小企业信贷短缺和农业竞争力下降等。

从20世纪90年代初日本经济泡沫破灭到安倍"二进宫"，日本经历了"失去的20年"，居民、企业、银行资产负债表恶化，导致有效需求不足，人口下降和老龄化则损害了长期增长潜力。在此背景下，市场不乏批判观点，认为"安倍经济学"无用，是日本走向绝望和灾难的体现。

但现在看来，"安倍经济学"的确发挥了效用。虽然2014年消费税上调引发短暂衰退，但日本经济维持稳定，小幅增长；2008~2012年平均实际利率达到2.85%，2013~2017年降至0.43%，资金成本明显降低；日元实际有效汇率从2012年11月的97降至2014年的70；日本股市吸引大量资金流入，自安倍上任以来翻倍；企业利润显著提升；安倍力主的"女性经济学"（Womenomics）初具成效，提倡灵活就业使得女性就业人口在2012~2019年间共增加12.6%，远高于男性的3.1%。

"安倍经济学"之外，安倍在国际经贸领域建树颇丰。在任期内，安倍的对外政策向现实主义转变，成为全球化和多边主义的代言人。日本不仅在美国退出TPP后牵头其余国家形成CPTPP，主导RCEP谈判，还与欧盟、美国分别谈判自贸协定，试图修复之前被破坏的对华、对韩关系，推动中日韩自贸区谈判。

但安倍的努力还不足以根治"日本病"。日本消费者支出依然较为低迷，2%的通胀目标未能实现，贸易竞争力也没有明显提升，在全球出口中的占比从2012年的4.3%下降至2019年的3.7%。

一方面，"安倍经济学"存在设计缺陷和力度不够的问题。安倍任期内，为填补公共支出造成的财政缺口，于2014年和2019年两次上调消费税，但每次均对本已脆弱的日本居民消费产生不利影响，导致GDP陷入负增长。安倍意图通过企业减税间接实现雇员涨薪，但事与愿违，居民收入增长缓慢，使得上调消费税的冲击尤为严重。

另一方面，日本经济的固有问题也导致安倍政策的成效不及预期。例如日企偏好"离岸生产"，制造业在日本本土生产的占比较低，这使得日元贬值对日本国内的出口提振有限。而日本人口老龄化和劳动力紧缺的问题十分严重，单凭解放国内女性和老年劳动力，尽管能够提高劳动力供给，但对需求帮助不大。

## 安倍之后，谁来接棒

菅义伟能否像安倍一样长期稳坐首相职位，仍有一定不确定性。安倍辞职前支持率已经降至34%，为任内最低水平。在安倍两次担任首相的间隔期（2007年9月~2012年12月），日本更换过五届首相，在疫情反复、经济疲软、自民党内派系林立的情况下，"短命首相"再次出现，并非没有可能。

事实上，竞争者仍有机会在2021年角逐首相。安倍在自民党内的最大对手石破茂在民调中以34%的支持率领先，深受地方民众欢迎，但因在自民党党内缺乏足够支持，未能在此次没有民众参与的党内投票中胜出。前外相、"岸田派"领袖岸田文雄深耕党内多年，拥有自己的党派阵营，能够有效应对官僚制度、避免争议，多年来被安倍视为接替自己的人选，只是近年来他在政治方面并未下足功夫，地位有所动摇。一旦日后菅义伟地位动摇，两人必然将会加入对自民党总裁和日本首相职位的争夺。

从经济政策上看，"安倍经济学"大概率将延续较长时间。菅义伟是"安倍经济学"的坚定支持者，已经表示希望日本央行继续以超宽松货币政策应对疫情冲击，并考虑在2020年年底前制订后续的经济刺激计划。岸田文雄亦表示，"安倍经济学"下实施的财政、货币刺激难以取消。只有石破茂的政策主张与安倍差异较大，他反对超宽松货币政策和上调消费税，力主拿出实际政策促进地方经济发展，并对移民放宽永居条件，但其本人也赞同短时间内维持安倍的经济政策。

对外政策方面，首相候选人的主要分歧在于修宪。修宪问题指是否修订日本"二战"后实行的和平宪法，解禁日本的集体自卫权。允许自卫队前往海外参与联合国维和及反恐行动，是安倍任期内力主推行的政治议程，但日本国内对此争议较大，中国、韩国则坚决反对修宪。在此议题上，全盘继承安倍路线的菅义伟表示，将向修宪等课题"发起挑战"，岸田文雄态度谨慎，石破茂则坚决反对。如果日本推进修宪，那么东亚局势很可能生变，中日韩自贸区谈判或再度拖延。

当然，修宪并不必然意味着对华强硬。事实上，安倍在任期内推动修宪的同时，也在积极改善中日关系。只要日本仍然追求多边主义，它就没有寻求对抗中国的动机。预计无论谁继任首相，日本下一届政府大体上都将维持对华温和立场。除了修宪，中日关系的主要变数，一是中美紧张升级，导致日本无法继续维持中间立场；二是日本在经贸上有意绕开中国，转而与东盟、印度、澳新等经济体发展经贸联系。

## 重视后安倍时代的结构性改革

从大萧条到"失去的20年"，紧缩在历史上给日本乃至全球经济造成了惨痛教训。在金融危机后全球化降档失速、经济弊病难以克服的背景下，以"安倍经济学"为首的一系列措施有效避免了日本经济进一步滑向深渊。也正因此，安倍的政策遗产有望在日本长存。

更进一步说，日本经验在世界范围内具有启示意义。新冠肺炎疫情对全球经济造成严重冲击，多国陷入大萧条以来甚至有史以来最深的衰退。安倍政府当初在高政府杠杆、低经济增速的压力下大胆起用刺激，市场最初预期的政府债务危机也并未出现，这给了各国政府使用宽松货币政策与财政政策抗击新冠肺炎疫情经济影响的勇气。而疫后，全球进一步走向"日本化"，中长期增长趋势下行，低增速、低通胀、老龄化不仅困扰日本，也在侵袭欧盟乃至美国，"安倍经济学"的成功和不足都值得全世界借鉴和总结。

当下，日本货币和财政均面临制约。2020年3月新冠肺炎疫情暴发后，日本央行宣布加大量化宽松，每年最高可购买12万亿日元ETF、20万亿日元商票、20万亿日元企业债以及无限量的国债。笔者统计，截至2020年8月底，日本央行购买政府债54.37万亿日元、商票2.68万亿日元（13.4%）、企业债1.79万亿日元（9.0%）、ETF 5.74万亿日元（47.8%）；共持有政府债535.7万亿日元、商票4.9万亿日元、企业债5.7万亿日元、ETF资产34.0万亿日元，相当于日本GDP的99%。目前日本央行已经持有约一半的日本政府债和80%以上的ETF资产，考虑到继续量化宽松的边际效果减弱，以及流动性陷阱已经出现，实际操作中购买资产的幅度可能比较有限。事实上，疫前日本央行已在"节省弹药"，购债规模仅相当于其指引（每年80万亿日元）的1/4。

财政方面，疫中和疫后私人部门需求恢复较慢，接下来较长时间里，政府财政支出仍将是托底经济的重要手段，但消费税已对家庭储蓄产生巨大挤压，日本政府或需考虑让手握大量现金的大企业承担更多税负，例如调整企业固定资产折旧政策和对企业海外现金征税。

因此，后安倍时代的"安倍经济学"的实施也将不同于以往，重中之重将是已被呼吁多年的结构性改革。日本能否切实出台结构性改革政策、对劳工市场进行深刻改革，发挥第三支箭的效用最为重要。目前看来，结构性改革恰是安倍任期内的最大短板。

如何推进结构性改革？例如，考虑到提高生育率政策需要很长时间才能奏效，日本或需加大引进移民的力度，以公民权吸引外国人进入日本，扩大劳动力资源和税基；"终身雇佣制"的遗毒需要破除，从终身雇佣和灵活就业的二元制向同工同酬转变；企业和政府需要增加信息技术（IT）和数字化投资，以提高运营效率；收入分配也亟须"二次改革"，将更多红利向居民而非大企业倾斜。所有这些措施，都需要一个铁腕、有魄力的首相推进，难度不低。

# 第 2 章

# 美国"再工业化"与全球产业链重构

第 2 章 美国"再工业化"与全球产业链重构

# 全球产业链重构下中国的挑战与应对

中国巨大的市场规模、完整的工业体系、完备的基础设施和稳定的社会环境,在全球范围内独具吸引力,这为避免大规模产业外迁奠定了良好的基础。但面对产业链外迁的现实风险,仍然需要做好应对。

## 全球产业链重构引发关注

近年来,随着逆全球化加剧和全球成本竞争优势发生转移,全球产业链重构日益引发关注。预计未来几年全球产业链重构的形势将日益明显。对于这一挑战,中国应做好应对。

首先,2020年新冠肺炎疫情在全球大规模暴发,是百年来全世界遭遇的最大公共卫生挑战,也催生多国开始反思缺乏基础医疗设施自主生产能力、过度依赖国外产业链的现状。美、日、韩鼓励产业链回流的措施已然加快。预计疫情结束之后,涉及民众医疗卫生、国家安全等基础产业的全球产业链布局或将出现重构。

其次，中美贸易摩擦加剧了美国制造业回流的态势。当前，美国对中国的贸易打压与技术封锁不断加码，已对部分数据产生了影响。以计算机出口为例，2017~2019年，中国计算机出口在美国进口份额中的占比由60%降至不足50%。金额上，中国对美计算机及部件出口则从503亿美元降至448亿美元，减少55亿美元；而同期，墨西哥对美国计算机的出口份额从200亿美元上升至272亿美元，新增72亿美元。

2020年7月1日，取代北美自贸协定的《美墨加协定》正式生效。该协定包含了对"非市场经济国家"的排他性原则，或进一步削弱中国商品在北美的竞争力。同时，新协定将实行更加严格的原产地规则，以确保汽车、电子等重点制造业的原料来源和大部分生产环节在北美自由贸易区内完成。当前，中国汽车行业的进出口依存度不高，压力整体可控；但中国电子产业高度嵌入全球分工，近五成营收和近四成成本涉及贸易，对产业链向北美回流的潜在趋势需要警惕。

此外，值得注意的是，近年来东盟凭借劳动力、资源等低成本优势，在全球贸易活动中的重要性持续上升。据笔者观察，中国出口在全球的占比于2015年达到最高值13.6%后有所回落，2019年降至13.1%；而同期，东盟出口在全球贸易中的占比则从7%上升至7.5%，上升份额基本等同于中国下降的份额。

劳动密集型商品出口是东南亚国家竞争力提升的主要部分。这一方面与东南亚国家自身的劳动力成本优势有关，另一方面也与近年来中国加强对环保监管、相关高污染产能下降密不可分。2015年以来，中国对美国劳动密集型商品出口呈下降态势。例如，在美国箱包的进口份额中，中国从2015年的64%降至2019年的40%以下，同期东盟的份额则由16%提升至33%，4年提高了1倍。

纺织行业的相关数据表明，2014年中国服装出口占全球出口的比例为41%，此后逐渐回落，2018年降至35.8%；而印度、印度尼西亚、孟加拉国、柬埔寨、土耳其、越南承接了相关产业链的转移。不过，随着技术密集度上升和研发强度的提高，中国的纺织机械出口已经跻身世界第一梯队，中国占全球织机的贸易比例从2000年的1.9%上升至2018年的26.9%，超过德国、日本等传统出口国。这表明，中国纺织业价值链正逐步走向高端。

## 做好产业链转移风险的应对

面对产业链外迁的现实风险，我国需要做好应对，具体可聚焦以下几个方面：

第一，加大核心零部件的自主研发与创新力度，降低产业链重构下的"卡脖子"风险，积极推动产业链转型升级。纺织产业链的升级为国内提供了可借鉴的范本，未来更多行业可以依靠行业内自主转型升级，积极谋变，更好地应对日益严峻的竞争环境。

第二，加大区域一体化合作。中国应该加快推进亚太地区的区域一体化，如对2018年签署的CPTPP保持开放态度，通过签署RCEP，加强与日韩以及东亚经济体的贸易联系。

第三，持续加大开放，改善营商环境，减少对外资和民营企业的准入限制。实际上，近年来产业链外迁的风险一直存在，但中国通过一系列改革开放措施，逆势吸引了大量外资。展望未来，进一步扩大开放、增加政策透明度、加强对知识产权的保护、加大金融开放确有必要。这将有助吸引投资，赢得更多跨国企业的合作，为应对逆全球化争取更广泛的支持。

# "二战"后美国制造业的变迁与衰落

2019年9月7日,波音的新型宽体客机777X在测试中发生舱门爆炸,这是继2018年10月印度尼西亚狮子航空、2019年3月埃及航空波音737MAX两次坠机事故后,"美国制造"的又一起重大事故。波音作为全球飞机制造领域的霸主、美国制造业皇冠上的明珠,屡次事故的背后,折射出的是一个日渐衰微的美国制造业。

无论是奥巴马任期内推行的"再工业化"政策,还是特朗普当选美国总统以来,都多次提到要重振美国制造业,将海外制造业产业链和工作全部搬回美国,但美好愿望之下,收效似乎并不明显。"二战"后,美国制造业经历了怎样的衰退历程,背后的原因是什么?美国今日悬殊的贫富差距是否与制造业的式微有关?美国"再工业化"的努力,对当前的中国又有怎样的启示意义?

## 逆差背后:美国制造业的衰落

"二战"后,美国凭借汽车、钢铁、飞机等领域的绝对优势成为世界制造业霸主。此时的欧洲和日本百废待兴,在全球制造业领域,美国一家独大。美国制造业从业人数比例在1945年达到38%的顶峰,自此便开始下滑;制造业增加值比重也在1953年到达28.3%的顶点后,掉头向下。

美国制造业增速的下降,不仅导致了美国经济增长的下降,也带来了不断攀升的美国对外贸易逆差。"二战"以后,美国保持了全球第一大顺差国地位近20年。1948~1966年,美国一直是全球最大的贸易顺差国。1968年,美国第一次出现贸易逆差,但金额较小,只有11亿美元。此后的10年间出现了两次全球石油危机,美国石油进口成本大大增加,制造业加速外迁,贸易逆差迅速扩大。1976年起,美国变为全球最大的贸易逆差国并持续至今;2018年,美国贸易逆差超过8700亿美元,占GDP比重超过4%。

美国制造业的衰落和外迁是全球贸易格局变化的重要原因。随着全球贸易格局的剧烈变化,美国由全球最大的贸易顺差国转变为逆差国,德国、日本和中国相继崛起接棒成为全球最大的贸易顺差国,其背后是全球制造业版图重心从美国向外转移。"二战"后美国强劲的出口,得益于美国在两次世界大战期间建立起的完善的工业体系,使它一度成为"二战"后全球最重要的制造业中心。伴随着德国和日本的相继崛起,1967年德国超过美国成为全球第一大贸易顺差国;1983年,日本又接替德国成为第一大贸易顺差国;2001年,德国再次反超日本,直至2009年中国成为全球最大的贸易顺差国。

从曾经的"世界工厂"到贸易逆差,美国经济在"服务化"的道路上越走越远。1980年,美国的金融、房地产与专业服务增加值在GDP中的占比首次超过制造业。而进入20世纪90年代，信息技术行业崛起成为美国增长的新动力，方兴未艾的互联网科技似乎让人忘却了美国传统制造业衰退的事实，曾经辉煌的钢铁、汽车行业也由经济龙头变成了夕阳行业，渐渐被遗忘，"铁锈带"成了制造业衰落区的代名词，而华尔街和硅谷则成了聚光灯下的绝对宠儿。

## 从制造业天堂到金融帝国

制造业衰落的另一面，是金融业和信息科技的崛起。从美国《财富》杂志"世界500强"公司名单中可以清晰地发现，自1955年一直到1980年，美国传统生产性行业在"500强"中的比重仍在70%以上，而直到1990年以前，"500强"中几乎看不到金融业的身影。以制造业为核心的传统生产性行业的黄金时代，也是美国制造业工人工资增速最快的时期。1981年，美国制造业工资增速达到10%的高点，自此就一路下滑。而20世纪70年代布雷顿森林体系的崩溃以及美国金融自由化的开启，直接改变了此后的美国行业格局，"美国梦"中制造业的成色逐渐淡化。

分水岭出现在20世纪80年代。从80年代开始，美国金融自由化和监管放松，极大促进了银行和保险公司的壮大。进入90年代，金融混业经营改革进入快车道，传统制造业的比重在1995年下降到50%以下，而金融业、其他服务业的比重开始上升。美国的"500强"企业结构自1995年起基本保持稳定，传统制造业在45%左右，而新兴技术产业、金融业和其他服务业分别维持在

20%、15%和15%左右。到2019年，美国制造业就业仅占全部就业的8.4%，工资增长也处于历史最低。而美国在传统制造业式微的过程中，建立起了世界最强大、最复杂、最精细、覆盖最广泛的金融体系。

关于美国过去70年产业变迁的因果，一个深入人心的经济学解释是随着全球化的推进，发达国家一方面大力发展高新技术产业，保持扩大金融业的优势，保持对跨国资本的掌控，另一方面加速中低端制造业的全球化转移和布局；而新兴发展中国家有人力成本优势，承接发达国家的落后产能，以劳动密集型产业为起点，实现工业化。

产业全球化的一个直接反馈是，发展中国家廉价的制造业商品冲击了发达国家的市场。发达国家的跨国公司为了降低成本，采取裁员、降低员工福利或者加速将生产转移外包等措施，进一步促成了发达国家的产业空心化，直接导致了发达国家中下层工作机会的流失和福利的下降。时薪70美元的美国三大汽车巨头工作，也成了美国制造黄金时代留下的绝唱。

金融业的迅速增长，在支撑美国经济增长的同时，也创造了大量的资产泡沫。股市和房地产泡沫的破灭在2008年带来了堪比大萧条的全球金融危机，关于经济金融化利弊的争论从未停止，但金融和制造业此消彼长的关系却格外清晰。

## 全球制造重心的转移

纵观历史，一个国家的相对衰落总是伴随着新挑战者的崛起。德国、日本和中国在1970年后的50年中，相继成为全球第一大贸易顺差国及重要的制造业中心，随后，中国等亚洲国家成为全球制造业基地之一。

1978~2018年的40年间，中国经济年均增速超过9.5%，对全球经济增长的贡献超过30%，其中"世界工厂"和外向型经济起到了举足轻重的作用。1978年，中国出口、进口占全球比例均低于1%，在全球制造业中也处于边缘位置，且高端制造设备严重依赖进口。此后的20年，中国凭借土地、人口和政策优势，通过"三来一补"（来料加工、来件装配、来样加工和补偿贸易）的加工贸易建立了以出口导向为主的制造业体系。

加入WTO是中国经济的重要转折点，中国在全球价值链中迅速向上攀升，优惠的土地和税收政策、人口红利以及不断完善的基础设施，让中国迅速建立起完整的工业体系，释放出巨大的产能。中国制造业产值在2004年超过德国、2006年超过日本，并在2010年超过美国，成为世界第一制造业大国。中国经济结构发生深刻变化，由改革开放初期高度依赖发达经济体的技术和设备为主的进口体系，转变为最大的制造业产品净出口国。

1950年，美国制造业产值占全世界的比例高达40%。而到2018年，美国工业产值为2.97万亿美元，其中制造业产值为2.33万亿美元，占其GDP的比重仅为11.4%；而中国2018年工业产值达到了5.53万亿美元，其中制造业产值达到了4万亿美元，占GDP总量的比重为29.4%，中国的制造业产值是美国的1.7倍。中国已经建立了完整的工业体系和制造业产业链，"中国制造"和"世界工厂"已经成为中国经济的标签。

无可比拟的人口红利、完善的基础设施、优惠的税收条件，让中国用仅仅30年的时间就成了世界第一大制造国。笔者认为，美国制造业的衰落依然是内因驱动，包括产业政策、金融和信息产业的兴起、跨国公司资本全球化布局以降低成本的需求等。但不可否认，美国制造业相对衰落中的中国因素——中国的崛起、中国经济的规模效应和制造业多个行业的产业聚集效应，客观上加速了美国企业中低端制造业外迁和在中国的布局。全球制造重心已悄然转移。

自1894年美国GDP超过英国成为全球第一大经济体，美国经济称霸全球已经超过一个世纪。尽管制造业产值被中国超过，但美国制造业规模依然很大，很多高端制造业依然处于全球垄断地位。但离开了传统制造业的美国，是否能够继续保持强大与自信？

## 式微的制造业与扩大的贫富差距

制造业式微之下，是美国不断扩大的贫富差距。1973年之前，美国工人的工资收入基本同生产率的提升同步，但二者的增长斜率在1973年后出现了迅速分化。美国实际工资增速在1973~2017年仅增长12.4%，远低于生产率77%的增长，更低于金融资产的复合增长。而美国实际工资的中位数在1979~2014年之间基本没有增长，美国后50%的人群收入在1980年之后出现大幅下降，到2014年仅占全部人群收入的12%，而且还在持续下降。

贫富差距的扩大不仅体现在工资性收入上，更重要的是财富差距。瑞·达利欧在全球经济周期研究报告中也多次讨论了美国制造业工作的流失和财富差距的急剧增大。当前美国的贫富差距已经接近大萧条前夕的1930年，直奔马克·吐温和菲茨杰拉德笔下的镀金时代，而镀金时代是美国贫富差距的巅峰期，1%的富人拥有接近90%的财富。

根据托马·皮克提在《21世纪资本论》中的研究，1913~2014年，美国最富有的1%的人群占有的财富份额总体上呈U形，且财富差距在任何时期都大于收入差距。财富差距在1913~1930年间波动较大，自大萧条开始快速下降，20世纪40年代中期到70年代中期保持低位，随后又大幅上升，2014年已经接近大萧条前的水平。今天，美国最富有的10%的人群拥有全部资本的70%，其中有一半为最富有的1%的人群所拥有，而50%的底部人群只拥有全部资本的5%。

笔者认为，贸易逆差的失控、制造业的衰退、中产阶级的萎缩，同贫富差距的扩大有着千丝万缕的关联。如前文所述，制造业的衰退和外迁导致美国贸易逆差自20世纪70年代后期加速扩大，制造业比重的下降和国际收支的不平衡意味着进口商品大幅增加，取代了美国国内生产的商品。而这又进一步打击了美国的制造业，对美国经济的竞争力产生了较大损害，曾经的制造业中心五大湖地区沦为"铁锈带"，大量制造业工厂倒闭，制造业失业人数剧增，从事制造业的中产收入家庭数量大幅减少，而新增的服务业就业从数量和就业质量上都难以同待遇丰厚的制造业相比，收入不平等迅速加剧。

同时，里根在任期间，受新自由主义影响，推行以减少社福利支出、降低税率、放松金融管制为主要内容的里根经济学政策。税收和再分配政策本是缩小贫富差距的有效手段，但里根的减税主要在资本利得方面，高收入人群税率的下降也远高过低收入人群，导致高收入人群和大企业获得了绝大多数减税红利，进一步加剧了社会收入和财富的不平等。可以说，制造业的衰退和金融业的高歌猛进带来了一系列严重问题，而时至今日，这些问题并未得到有效缓解，已经成为美国社会的痼疾。

### "再工业化"的启示：美国能否再次伟大

美国制造业衰退是一个在美国学界、政界、商界讨论已久的话题，而大洋彼岸的中国对这个问题似乎并没有足够的重视。笔者认为，这个话题是引发当前中美经贸关系困境最重要的深层原因之一。几十年来，美国的经济和外交版图，从日美贸易战到如今"美国优先"下的贸易保护主义，背后都有美国制造业的影响和考量。

特朗普当选以后一直以"让美国再次伟大"为主要政策口号，大打制造业牌，不断对外挑起贸易争端，迎合美国蓝领阶层对美国制造业外流及劳动力和资本收入分化不断增大的不满。特朗普的口号是美国精英中一个有代表性的观点，即中下层就业机会的丧失与中国制造业的崛起紧密相关，而且德国、日本、墨西哥等对美国有大量贸易顺差的国家都在其针对范围内。

事实上，美国"再工业化"的努力并非自今日始。在美国国内，从政府国会到高校大学，重振制造业的呼声早已此起彼伏。

奥巴马在2008年金融危机之后推行"再工业化"政策，大力强调制造业的重要性，并在2009年12月公布《重振美国制造业框架》。然而两任总统的努力，10年时间过去，美国制造业似乎没有出现期望的繁荣，制造业新增就业人数同服务业比相形见绌，美国经济脱实向虚的脚步并未停止。相比去工业化经历的时间，或许需要同样或者更长的时间来重走工业振兴的道路。

无论是引发热烈讨论的纪录片《美国工厂》和福耀玻璃北美工厂，还是美国CBS（哥伦比亚广播公司）的纪录片《美国：制造希望》，都是美国制造业危机的一个缩影。不断曝光的美国制造业问题，不断增加的对美国制造业现状的研究文献，都是社会对这个问题的反思。

不可否认，美国的高科技新兴产业依然强大，但试图重新恢复美国传统制造业地位，将是一个痛苦而漫长的过程，且当前的美国，已经不具传统制造业再次发展的种种历史优势。未来更可能出现的情况是高端电子制造业和传统制造业命运迥异，电子信息科技的终端制造业或许可以部分回流美国，而传统制造业，正如曹德旺和他的福耀美国工厂的实验，在当前的美国，很难再现昔日的荣光。

今天，美国的政商学各界都已经认识到，制造业工作岗位的大量流失，是美国中下收入群体处于困境的关键因素所在。美国西北大学教授罗伯特·戈登在《美国增长的起落》中就一针见血地指出，"二战"后美国推行去工业化，在制造业衰落的同时，信息产业和金融业却在迅速崛起，掩盖了很多制造业衰退带来的问题；然而第三次科技革命中信息产业的创新和突破，却集中在社会的部分领域，对生产力的拉动和经济的增长促进作用远不及第二次工业革命全面和彻底。制造业的重要性，远超过GDP里的一行数字，作为技术创新的源泉和经济增长的动力，一国的繁荣离不开制造业。

因此，2008年金融危机以来，主要的发达国家纷纷开始反思过去的制造业外包政策和后工业时代"重服务、轻制造"的思维，重振制造业成了各国经济政策的主旋律。无论是美国、英国、德国、日本等发达国家，还是今天的中国，都极大地受益于制造业的繁荣和工业化过程，服务业难以支撑经济高速增长也已经成为学界共识。如何在经济从制造业向服务业转型的过程中保持制造业的优势和传统，是一个持久的考验。制造业在一国经济竞争力中的核心地位不应被忽视，高端制造和传统制造也并不存在天然矛盾。降低制造业税负成本，鼓励制造业发展，对当前的中国而言，有着比以往更加重要的意义。留住制造业，就留住了就业、增长和国家的未来。

# 高端制造回流，能挽救衰落的美国制造业吗

2020年9月17日，美国通用汽车公司超过4.9万名工人举行大罢工。这是12年来美国汽车工人联合会（UAW）组织的最大规模的罢工，也是近年美国规模最大的罢工。

曾经全球第一大汽车公司、美国制造业的标杆企业如今面临的种种困局，再次将美国传统制造业的艰难处境推到聚光灯下。而以硅谷科技公司、半导体公司为代表的新兴产业，近几十年则一直蒸蒸日上。

笔者发现，以分类来看，美国制造业各行业变迁特点鲜明，即衰落主要集中在传统行业，美国高端制造业的优势仍然广泛存在。那么，美国制造业分化的原因在哪里？美国"再工业化"的前景如何，又将面临哪些束缚？

## "二战"后美国制造业的整体变迁

产业结构变化是一个长期过程。梳理"二战"后美国17个主

要行业的发展情况，我们不难发现，70多年来伴随着美国第三产业的崛起，特别是专业和商业服务、医疗、房地产及金融保险对美国经济贡献度越来越大，美国制造业整体是呈现衰落态势的。具体体现在：

第一，1948~2018年的70年间，美国制造业占GDP比重不断下降。"二战"以来，美国制造业增加值比重累计下降近15%，由1948年的美国第一大产业降为2018年的第四大产业。制造业的份额逐渐让位于专业服务、房地产业和医疗行业。同期，专业和商业服务、医疗、房地产及金融保险份额分别上升了9.3%、5.8%、5.3%、4.9%。

第二，伴随着制造业的整体衰落，就业人数也呈现相应的下滑趋势。笔者统计了美国主要行业从业人数的占比，发现制造业就业占整体就业人数比重在1978~2018年累计下降超过12%，而医疗、专业和商业服务等依然是占比增加最大的行业。美国经济结构"服务化"的趋势得到验证。

第三，分门类来看，同1978年相比，美国绝大多数制造业增加值和就业的占比都有所下降，通用汽车面临的困境只是美国传统制造业衰落的一个缩影。美国汽车行业产值占GDP的比重，由1978年的1.9%降至2018年的0.8%，但仍是仅次于计算机和电子产品的第二大耐用品制造行业。

而汽车制造以外，金属制品加工、机械制造也是衰退明显的耐用品制造行业。只有石油相关的深加工制造业，由于南部城市休斯敦的崛起，份额比1978年有所增加。

## 从产业带变迁看美国分化的制造业

虽然美国制造业整体处于衰落态势,但如果分类别来看,却会发现传统制造业与高端制造业其实"冰火两重天",呈现明显分化的局面,而这点从美国产业带格局的变迁便可以看出端倪。

美国五大湖地区曾经是美国最重要的工业区,1870~1960年一直是最重要的制造业中心,见证了美国成为世界第一强国的全部过程。可以说,五大湖地区因制造业而兴,因制造业而衰。20世纪60年代以来,制造业的外迁和衰落让五大湖区沦为铁锈带,工厂纷纷关闭,失去就业机会的五大湖地区人口不断外流。1929年,五大湖区人口占全美人口的20%,而到2018年仅为14%。

短短三四十年的时间里,美国五大湖区铁锈带的印第安纳州、宾夕法尼亚州、俄亥俄州和密歇根州等地以迅猛的速度淘汰了制造业。美国制造业从业人数在1979年达到顶峰,有近2000万人从事制造业,从那以后,有700万个制造业岗位消失了。如今美国工厂的生产量是1980年的2.5倍,但员工人数却减少了1/3。

从20世纪70年代开始,电子和计算机产业就已超过汽车制造业,成为拉动美国GDP增长的主要行业。美国南部"阳光带"的城市,成为第三次科技革命和信息产业突飞猛进浪潮的最大受益者。1940年,美国前十大城市中有五大城市位于五大湖地区,芝加哥、底特律、克利夫兰、匹兹堡都是重要的工业中心。而到2010年,除了芝加哥,美国前十大城市中已经看不到五大湖和东北部工业城市的影子,取而代之的是以高新技术产业为主的加利福尼亚州和美国南部"阳光带"城市。

加州的旧金山、圣何塞、圣迭戈，得克萨斯州的休斯敦、达拉斯、圣安东尼奥和奥斯汀，成为美国人口增长最快的城市。硅谷成为世界的科技创新中心，硅谷高新技术产业产学研一体的模式也被全球奉为圭臬，休斯敦的航空航天产业、奥斯汀的生物医药产业成为美国高新技术制造业的代表。南部的"阳光带"城市正在美国制造业版图中扮演越来越重要的角色。

## 美国传统制造业衰落的典型案例：辉煌不再的汽车业

汽车产业作为美国传统制造业的代表之一，"二战"以来经历了从辉煌到衰落的整个过程。美国汽车制造业在20世纪50年代的巅峰时期，增加值曾占到美国GDP的3%。由于汽车制造较长的产业链和上下游相关行业，汽车产业对GDP的贡献远大于增加值本身。

曾经无比辉煌的美国三大汽车制造商，目前无一例外面临着衰落的困境，汽车生产的下滑也直接导致了美国钢铁工业的衰落。美国国内的汽车产量，由1994年的每月60万辆下降到2019年的每月20万辆，汽车制造提供的就业岗位占比也在不断走低。

如今的美国汽车市场，虽然由于消费习惯的原因，以皮卡和大型家用车见长的美国汽车销量仍然超过日系、德系品牌，但美国三大汽车品牌占绝对统治地位的时代已经一去不复返。2018年，美国汽车品牌占据了44%的市场，第二位的日本车份额接近38%，日本车同美国车的份额差距在逐步缩小。事实上，自20世纪70年代石油危机以来，价格优势明显、油耗低的日本车就开始在美国不断开疆拓土、建立口碑。日本三大汽车厂商在美国的市场份额也自70年代起一路走高,而美国本土品牌的市场占有率从九成的高点下降了近一半。

销量下降的美国汽车公司从20世纪80年代起开始加速海外布局,市场敏感性的降低、战略上的失误,也导致美国汽车产业由世界的引领者变成了跟随者。美国汽车产业的没落直接导致了美国汽车制造业的衰败,最典型的案例当属美国制造业的象征和骄傲、美国三大汽车制造商的所在地汽车城底特律。由于人口的急剧下降和汽车工业的衰退,底特律暴力犯罪频发、失业率高企,深陷财务危机。底特律在2013年申请破产保护,成为美国历史上最大的破产城市。

从全球来看,截至2008年金融危机以前,美国是全球最大的单一汽车生产和销售市场。而中国汽车产业的崛起、汽车的迅速普及,让中国接棒美国,成为当今全球汽车生产第一大国和汽车消费第一大国。

## 美国高端制造业的典型案例:全球瞩目的美国半导体行业

凭借全球最优质的教育体系和研发环境,虽然五大湖区的传统制造业已经衰落,但美国高新技术产业、高端制造仍然占据着全球制高点,当前美国制造业已经转向附加值最高的尖端制造。

2017年,美国国家的研发投入仍然高居全球第一,美国在科技人才的培养、科研成果的产业转化、科技公司可获得的资本支持等方面仍然居全球前列。同时,美国也掌握着众多尖端科技的知识产权和高端制造业商品的定价权。

在高端制造业中,美国在国防、航空航天、生物制药、精密化工、高性能材料、半导体和信息技术等领域均领先全世界。根据普华永道的统计,2018年全球研发投入前10名的公司中,有7家来自美国,而这7家中有5家都是高科技公司。

硅谷中心的半导体公司是美国高新技术产业的代表。2018年,全球半导体前10名的公司中,美国占据6席,英特尔、美光科技、高通、博通、得州仪器和英伟达在列。

美国半导体产业协会(SIA)白皮书显示,2018年,美国半导体工业占有45%的全球市场份额,几乎是韩国、日本、欧盟和中国的总和,美国半导体公司在微处理器和其他一系列产品领域也处于领先地位。

半导体作为集设计、研发、生产于一体的高新技术产业,属于资本密集型行业。2018年,美国半导体人均研发投资超过18万美元,研发支出占销售的比重为17.4%,远超欧洲的13.9%,而日本、中国、韩国则分别为8.8%、8.4%和7.3%。

1999~2019年的20年里,美国半导体行业年均研发支出占销售比重也超过了10%,是美国主要制造业行业中最高的。由于半导体行业的技术快速迭代和摩尔定律,超高的研发投入保证了美国半导体设计和制造的全球垄断地位。

在研发投入、芯片设计和制造工艺方面,大部分美国半导体制造商真正实现了"美国设计"和"美国制造",成为美国高端制造的核心力量。2018年,美国本土81%的半导体晶圆生产是由美国公司完成的。其中仅高通一家公司,就凭借在2G、3G时代积累的众多专利，向全球手机厂商收取了高额的专利费。

在华为2018年的92家核心供应商名单中，有包括英特尔、恩智浦、高通、博通等在内的33家美国公司。半导体也是仅次于飞机、成品油和原油的美国第四大出口商品，2018年出口额达440亿美元。可以说，美国在全球的半导体、通信行业的垄断地位，一时仍难以完全打破。高新技术产业已经接棒传统制造业，成为美国制造业的新代表。

## 传统制造业衰落的原因在哪里

过去几十年美国传统制造业的变迁和衰落，背后因素较为多样化，既有国家产业政策的规划和选择的内因，也有全球经济格局剧烈变化的外因。例如，"二战"以来美国去工业化的产业政策、布雷顿森林体系解体后，美元作为事实上的世界货币带来美国维持经常项目逆差的需求、全球产业链分工下美国跨国公司加速产业外迁和海外布局、自动化技术的全面应用等，不一而足。

除去上述考虑，美国制造业劳工技能培训不足导致的熟练工人短缺，以及老旧公路、铁路等基础设施的制约，在笔者看来也是导致美国制造业工作岗位不断流失的重要原因。例如，从劳工技能培训方面来看，近年来美国制造业就业岗位的工作缺口不断增加，制造业人才短缺的情况非常普遍。很多美国本土制造企业表示，即使制造业能够回流美国，带来相应的工作岗位，能否招到合适的熟练技能工人也是一个挑战，造成这一局面的原因是美国劳工技能培训的缺位。

例如，截至2019年8月，美国制造业职位空缺率高达3.6%，远高于金融危机前的水平。即使通过高薪招聘，很多工作岗位也需要很长时间才能招到合适的人才，这对讲求成本和效率的制造业的影响无疑非常巨大。

另外，美国老旧的基础设施在一定程度上也制约了制造业回流。美国大规模的基础设施建设始于20世纪40年代，在"二战"后的十几年里迎来巅峰，但由于历史较久及经费欠缺，当前美国许多基础设施的维护状况并不乐观。根据牛津经济研究院《全球基础设施展望》（*Global Infrastructure Outlook*）的预测，在现有基建投资趋势下，2016~2040年的25年间，美国基建投资的缺口将高达3.8万亿美元，是全球基建缺口最大的国家。

美国高铁网络的建设也远远落后。目前美国只有波士顿到华盛顿一条高铁，且理论最高时速241公里只能在700多公里的线路上保持几分钟，平均时速远远达不到国际高铁标准。港口方面，全球吞吐量前10位的集装箱港口，美国没有一个入围，而其中7个都位于中国。美国需要更多的基建投资来提升竞争力。

当然，与传统制造业的衰落相比，美国高端制造业仍保持着全球领先位置，是美国制造业的优势所在。实际上在笔者看来，以跨国公司全球布局为基础的全球产业链分工、跨国公司对利润最大化和效率最大化的追求，以及上文提到的美国基础设施薄弱、劳动力培训滞后等原因，决定了美国在脱离低端制造业之路方面很难逆转。

## 美国"再工业化"与制造业未来

基于美国制造业整体衰落的趋势与美国保持全球竞争力的需求,"再工业化"近年来被美国政策制定者寄予厚望。近年来,美国政府不仅通过增加税收优惠等方面吸引美国企业海外制造的回流,也对美国当前已处于优势地位的高端制造业加强了保护主义举措。

比如,美国政府以国家安全为由,对他国相关行业加强审查、收紧外国企业投资美国高科技企业、提出增强美国制造创新能力和竞争力的战略目标等,以确保本国高科技行业优势地位。

在中美贸易摩擦的背景下,美国已经将贸易领域的争端蔓延至科技领域。从2016年的中兴事件到2018年针对华为禁令事件的升级,再到2019年10月8日美国将28家中国企业列入"实体清单",其中包括8家人工智能(AI)相关公司,美国对中国高科技企业发展的遏制态度是非常明确的。除此以外,美国方面也一直希望将针对"中国制造2025"的条款纳入中美贸易磋商中。那么,美国希望重振传统制造业、扩大高科技产业优势地位的种种举措,是否会得到显著效果?

近年来中国制造业的整体崛起已经让美国感到了深刻的竞争压力,美国国内"再工业化"的呼声不断提高,同中国制造在全球攻城略地密不可分。因为无论是中国在人工智能、智能制造、5G技术、工业互联网、工业机器人、半导体等高科技领域的迅速发展,还是中国制造业整体而系统的快速进步、军用和民用制造业的同步发展,都在迅速缩小和美国先进水平的差距。

对比来看,中国制造业整体产值已经远超美国,但高端制造方面仍有明显差距。2018年，美国制造业产值为2.33万亿美元，占其GDP的比重仅为11.4%，而中国2018年制造业产值达到了4万亿美元，占GDP总量的比重为29.4%，中国的制造业产值已经是美国的1.7倍。可以说，从制造业总体体量来看，中国已经和全球第一大经济体美国等量齐观，且中国多个传统制造业产业如纺织、钢铁、汽车制造等的产值都已超过美国或达到美国的数倍；中国的高新技术制造业如铁路、船舶、计算机、通信和电子设备制造业，也在较短时间内实现了重要创新突破，在全球中高端市场的份额不断提高。但也必须看到，中国和美国在高端制造特别是民用飞机、高性能材料、芯片、生物医药、数控机床等尖端制造和信息技术领域的差距是存在的，美国在高科技领域的优势仍然非常明显。

全球范围来看，中国作为全球价值链的重要组成部分，在实现了全品类制造的基础上，"微笑曲线"向上进入高附加的研发和专利设计，向下进入品牌和销售管理服务等附加值更高的环节，这也是产业升级的必由之路。

从这个角度来说，贸易壁垒和惩罚性关税难以在根本上重振美国制造业。美国"再工业化"之路，需要的不是以零和博弈甚至负和博弈的思维打压一切非美国制造业发展，迫使美国制造业企业回流。美国更需要的是建立健全的制造业劳工培训体系，加大基础设施投资建设力度，营造良好的制造业发展环境；同时，通过科技创新和技术创新，创造21世纪的新制造业就业机会。

传统制造业在美国已经没有再次繁荣的土壤和根基，而新兴制造业可以充分发挥美国源头创新能力。充分应用自动化、人工智能和互联网科技的高端尖端制造业，才是美国的未来所在。

# 产业链外迁,中国怎么办

新冠肺炎疫情之下,美国吸引制造业回流的呼声异常强烈,如此前美国政府建议美国本土企业英特尔加大在美建厂投入,为美国公司代工芯片生产。特朗普甚至曾表示要为从中国迁回美国的企业给予报销,涉及的厂房、设备、知识产权、基建等费用,由美国政府买单。实际上,2020年1月中美第一阶段经贸协议的签署似乎并未延缓美国吸引制造业回流的决心。新冠肺炎疫情下,发达经济体缺乏自主生产能力、依赖国外产业链的弊病暴露出来,这是否会加速中国产业链外迁?

对此,市场上有一种乐观的观点认为,中国产业链健全、市场巨大、基础设施较好,加之此次中国政府在应对疫情方面果断有力,疫情防控有效,跨国公司不太可能撤离中国,不用担忧产业链转移的风险。

然而,在笔者看来,面对产业链转移的风险,切不可盲目乐观,而是需要积极寻求应对之策。根据对近年来中国对美出口份额变化趋势的分析,笔者发现,中国出口在美国市场份额下降快于预期，其中劳动密集型商品出口有相当一部分已向东盟诸国转移；伴随着中美贸易摩擦加剧，美国近邻墨西哥也挤占了更多高附加值商品的出口。因此，对产业链转移风险需要保持警惕，防范新冠肺炎疫情成为加速产业链外迁的催化剂。

## 产业链外迁迹象已然出现

具体来说，从占全球贸易比重来看，自加入WTO以来，中国出口全球占比逐年攀升，直到2015年达到最高值13.6%，其后便自高位有所回落，2019年下降至13.1%。与此同时，东盟出口在全球贸易中的占比从2015年的7%上升至2019年的7.5%，上升份额基本等同于中国下降的份额。

从中美双边贸易来看，一直以来，美国对中国进口依赖程度较高，中国是欧盟以外的美国第二大进口来源地，中国诸多出口商品在美国占有龙头地位。然而2015~2019年，美国自中国进口商品份额出现明显下降。中国出口到美国的前15类商品中，14类占美国进口市场份额减少，其中既包括箱包、鞋类这些劳动密集型商品，也包括手机、计算机等技术密集型商品。

2018年中美贸易纷争加剧，是影响两国贸易的一个关键节点。2015~2017年，即中美贸易摩擦之前，中国对美出口商品占比下降主要体现在劳动密集型商品方面，如箱包、鞋类、毛衣等的占比分别从2015年的64%、53.7%和37.7%，下降至2017年的58.2%、47.9%和33%。这种现象出现的主要原因是东南亚诸国在劳动力成本方面更具优势，吸引劳动密集产业落地，与此同时，中国加强了对环保监管的重视,相关的高污染产能因此下降。

与中国对美劳动密集型、低附加值商品出口份额减少相对应的是,东盟对美出口的劳动密集型商品份额明显上升。

当然,对于中国而言,成本优势的弱化实则危中有机。中国通过积极寻求转型升级,出口向附加值更高的商品转型,不仅很大程度上抵消了产业链向东南亚转移的压力,也带动了国内制造业的跨越式发展。2015~2017年,相当一部分中国技术密集型商品出口在美国的市场份额是提升的,如手机出口占美国进口份额从60.9%提升至64.1%,办公机器零件从63.7%上升至67.6%。虽然中国服装出口不断被东南亚和南亚国家挤出,但是中国已经成为纺织机械等高附加值资本品的主要出口国。

更大的挑战来自中美贸易摩擦。2018年以来,美国针对中国出口加征关税,不仅对华加征关税商品范围不断扩大,从500亿美元到2000亿美元,再到3000亿美元,关税税率也节节攀升,中国高端制造受到的冲击最为显著。例如,自2018年以来,中国技术密集型产品对美出口份额一改上升趋势,出现明显回落。2017年,中国计算机出口在美国进口份额中占比曾高达60%,但2019年这一占比下降至不足50%,办公机器零件2017年在美国份额占比高达67.6%,但2019年中国占比下降至30%,份额腰斩。

与劳动密集型商品出口由中国向东盟诸国转移有所不同,承接对美国高附加值商品出口更多的是美国的近邻墨西哥。中国对美计算机及部件出口从2017年的503亿美元下降到2019年的448亿美元,减少55亿美元;其间,墨西哥对美国计算机出口份额从2017年的200亿美元上升至2019年的272亿美元,新增的72亿美元出口完全抵消了来自中国进口的下降。可以预期，伴随着中美贸易摩擦持续、《美墨加协定》正式生效，美国制造业回流北美的态势仍将持续。

不少市场数据也为产业链转移现象提供了佐证。根据Gardner Intelligence公司发布的《世界机床调查报告》，2019年全球前15个机床消费国中，中国市场机床消费量同比下降25.3%，是全球消费下滑最多的国家，而美国和墨西哥在全球机床消费量份额明显增加。与此同时，科尔尼咨询公司提供的数据显示，2019年美国自亚洲14个低成本国家进口制成品的总量比2018年下降7.2%，这可能说明美国使制造业回流本土或北美其他地区的努力正在加速。

### 如何应对产业链格局变化

基于上述事实，可以发现，由于生产要素比较优势的变化、中美贸易纷争加剧等内外部因素，近年来中国出口面临的压力已然增大，一些产业链转移其实已经有所体现。回归当下，伴随新冠肺炎疫情在全球暴发，多国再度出现产业链回流的声音，特别是日、美已明确表示对产业链迁回国内的企业给予一定的政策支持，以保证自身产业链完整性，摆脱对他国尤其是对中国市场的依赖。

在笔者看来，中国应该警惕产业链外迁风险，做好评估和政策应对。

虽然近年来产业链外迁风险一直都在，但中国通过修改《外商投资法》、出台负面清单以及在市场准入方面进行改革，如降低行业准入条件、加大外资持股比例、支持外资从参股到控股等，在逆势中吸引了大量外资进入。

例如，近年特斯拉、埃克森美孚、巴斯夫、宝马等跨国企业抓紧投资中国。特斯拉在上海设立超级工厂，项目总投资500亿元人民币，埃克森美孚在广东惠州投资的大型独资石化项目涉及金额达到100亿美元，等等。而自2018年6月中国取消加油站零售业务限制，壳牌在中国的加油站业务得到快速增长。壳牌与中海油合作的南海石化项目，总投资已超过100亿美元，是壳牌在全球也是中国最大的合资化工项目。

展望未来，中国巨大的市场规模、完整的工业体系、完备的基础设施和稳定的社会环境，不仅为避免大规模产业外迁奠定了良好的基础，也为中国争取更多跨国企业投资提供了土壤。应对产业链外迁的现实风险，中国不仅需要持续加大开放、改善营商环境、减少外资限制，更需要采取竞争中立原则，减少民营企业准入限制。此外，增加政策透明度、加大知识产权保护、加大金融开放确有必要，这将有助吸引投资，赢得更多跨国企业的合作，为应对逆全球化争取更广泛的支持。

# 东盟贸易增长背后的产业链风险

近年来，中国—东盟贸易逆势发展，2020年东盟已超过欧盟成为中国第一大贸易伙伴。中美贸易摩擦期间涌现的转口贸易曾短暂推动双边贸易上升，但原产地监管趋严导致这一模式逐渐退出。相比之下，产业链自华外迁引发的直接投资和资本品、中间品出口是推动中国—东盟贸易的长期主导力量。制造业占中国GDP的比重已在单边下降，疫后发达国家产业引导产业回流，可能对中国产业链外迁造成更大冲击，应对不当，可能导致产业空心化。对此，下一步中国应当大力加强基础研究和研发支出，促进产业向高附加值升级；鼓励产业向中国中西部转移，而非一味外迁；继续改善营商环境，以积极开放和配套优势对抗产业链外迁压力。

## 转口贸易仅短暂推动中国—东盟双边贸易增长

中美贸易摩擦曾经促使大量中国货物"绕道"越南出口美

国。2018年贸易摩擦爆发以来，美国先后对华加征四批关税，中国予以反击，双方关税壁垒不断升高。相比之下，以越南为代表的东盟国家仍享有美国贸易最惠国的低关税待遇，同时海关监管较为宽松，这些因素推动东盟转口贸易快速上升。越南等国进口商从中国进口半成品或制成品，稍经加工或不经加工，附上越南原产地证明，再出口至美国。越南对美出口和自华进口2018年下半年分别增加39亿美元和36亿美元，2019年上半年分别增加54亿美元和58亿美元，数量上高度接近，并且远超越南对其他贸易伙伴的进出口变化。在此之前，二者变化并未像这样高度同步过。

但是，越南原产地监管加强导致转口贸易大幅收缩。因转口贸易导致越南对美国贸易顺差剧增，2019年5月美国财政部将越南列入汇率操纵国观察名单，特朗普也曾专门指责施压。在美国的压力下，2019年下半年越南官方加大原产地监管，当年10月越南海关查获约43亿美元从中国出口，到越南中转，最终销往美国的铝制半成品。这背后是因为美国对越南出口铝制品仅适用15%的关税，远低于对中国适用的374%。严监管下，转口贸易大幅收缩，2019年下半年越南对美出口增量79亿美元，自华进口增量46亿美元，二者差距拉大。到2020年上半年，越南自华进口较上一年同期下降7亿美元，对美出口则增加40亿美元，二者基本脱钩。

东盟未来发展自华转口贸易的可能性极低。东盟其他国家2019年的进出口数据显示，只有柬埔寨出现过类似越南的转口贸易特征，但柬埔寨出口占东盟整体出口仅有1%，份额可以忽略不计。东盟其他较大的经济体，如新加坡、泰国、马来西亚，均没有参与上述转口贸易的迹象，且这些国家均已表态加强对转口贸易的监察。

## 产业链外迁推动中国—东盟贸易逆势发展

成本上升和中美贸易战加速中资企业布局东南亚。2017年之前，中国人力等要素成本上升以及环保监管趋严，促使一些劳动密集型产业链外迁。2017年后，中美经贸摩擦层层加码，为避免美国高额关税和分散产业链风险，相关企业外迁进一步加速。其中，越南、印度尼西亚、菲律宾、柬埔寨除拥有东盟成员享受的低关税（越南还与欧盟单独签署了自贸协定），还具有劳动力资源丰富、成本低廉、为外商投资提供税收优惠等优势，对中资企业具有很强的吸引力。相应的是，中国在美国进口箱包中的份额从贸易战前2017年的63%下降到2019年的42%，同期东盟的份额则从20%上升到33%。

中国对东盟直接投资显著上升。与中资企业加速布局东南亚相适应的是，2019年中国（含香港，下同）对越南投资的注册资本达到51.9亿美元，同比增长121%；对印度尼西亚投资达到85.6亿美元，同比增长95%；对菲律宾投资达到17.32亿美元，同比增长74%；对柬埔寨投资自2017年已经开始高速上升，达到22.4亿美元。

东盟国家自华机械设备和中间品进口大幅增长。东南亚国家大部分工业基础和配套薄弱，外商投资带动厂房建造和机器采购上升，对机械设备的进口需求大增。2018~2019年，印度尼西亚、越南、菲律宾和柬埔寨自中国机械进口大幅上升，印度尼西亚、越南已经超过传统机械进口大国新加坡、泰国和马来西亚，成为中国机械出口到东盟的前两大目的地。同时，东盟国家自华中间品进口需求也显著上升。以纺织服装产业为例，2019年越南对华出口41亿美元，其中57%是棉花等天然纤维，31%是服装；自中国进口115亿美元，主要集中在化纤、服装面料、纺织机械。从产业链角度看，越南向中国出口棉花等初级产品，从中国进口技术密集的化纤、面料和资本密集的纺织机械，再将劳动密集的服装出口给中国和其他国家。

## 警惕产业链外迁引发"空心化"风险

中国产业链外迁与日、韩、中国台湾的历史非常相似。日本在20世纪70年代、韩国在80年代和中国台湾地区在90年代先后开始出现产业链外迁，外迁过程伴随着对外直接投资和产业承接国大量进口机械和中间品。这些也正是中国—东盟贸易快速发展背后的情形。从结构上看，外迁发生在失去比较优势（尤其是劳动力成本优势）的产业或产业环节，这通常包括服装、鞋类等制造业以及电子产品的最终装配环节。例如，以2001年为基准，到2018年，中国台湾地区产值下降最多的行业是成衣、皮革、计算机和电子产品，生产主要迁往中国大陆。目前中国对东南亚的产业链外迁也集中在这些行业。

发达经济体疫后引导产业回流，也加大了中国产业链外迁压力。与日、韩以及中国台湾当时以企业为主导的产业链外迁有所不同的是，当前中国还面临发达经济体产业回流的政治压力。新冠肺炎疫情暴露出全球产业链过长引发的脆弱性，发达经济体将生产回迁或转移至邻国的政策导向与日俱增。例如,《美墨加协定》提高了对汽车等商品的原产地成分要求,实际上鼓励将大部分生产限定在北美三国;日本在经济刺激方案中拨出22亿美元补贴制造商将生产基地从中国迁往东南亚或日本,第一批迁回日本共57家企业,主要集中在与防疫相关的纺织、医用机械和医药行业;欧盟在政策和舆论上鼓励产业回迁,在与越南签署的自贸协定中规定了较高的原产地比例要求,也隐含将产业链多元化的考虑。

中国制造业比重已持续下降,产业空心化风险不应忽视。制造业附加值占中国GDP的比重从2007年的高点32.9%下降至2019年的27.2%,2019年更是加速滑坡,必须引起重视。日、韩和中国台湾经验表明,如果结构调整得当,产业链外迁不会必然导致制造业空心化。但如果像美国、巴西那样产业过快流出、经济脱实向虚,则需要警惕制造业空心化的种种后果。例如美国出现生产率停滞不前,就业质量下降,贫富差距扩大;巴西则经济快速服务业化,陷入中等收入陷阱,沦为大宗商品出口国。

## 结论与政策启示

中资企业投资布局东南亚,带动了中国—东盟贸易的快速增长,但背后产业链外迁的风险不容忽视。产业链外迁通常意味着企业搬离、就业流失、税收下降,特别是在疫情已经对中国经济造成严重冲击的情况下,以服装为代表的比较优势弱、规模以下企业众多的行业可能进一步受到破坏,被动加速产业转移。由此引发的居民收入下降和农民工失业风险,需要积极应对。更长期地看,如果中国陷入产业空心化,则可能面临经济活力下滑、收入增长停滞的风险,失去国际竞争力。

应对产业链外迁风险,应从加快产业转型升级、推动中西部内部承接产业转移、改善营商环境、提高对外商投资的吸引力入手。一是借鉴韩、日和中国台湾的经验教训,大力加强基础研究和研发支持,发展高技术制造业和现代服务业,鼓励产业数字化转型,促进中国产业向高附加值升级,拥有自己的"护城河"。二是鼓励和引导有条件的企业留在国内,让中西部地区梯队承接,而非一味外迁,避免大量对外投资对国内制造业形成抑制。三是继续改善营商环境,提升对外商投资的吸引力,以更积极的开放和更优越的配套,对抗发达经济体引导产业链回流的压力。

# 纺织行业如何应对产业链转移压力

截至2021年4月9日,全球已有超过1.3亿人感染新冠肺炎。欧美地区部分遭受疫情侵袭的发达国家已经启动复工,但距离遏制住疫情尚有不小距离;与此同时,疫情的第三波高潮侵袭至印度、俄罗斯、巴西等新兴经济体和防控能力薄弱的不发达国家,感染和死亡人数还将大幅上升。在迈过国内供给侧冲击的第一道关卡后,中国经济正在迎来第二道关卡——海外经济暂停、贸易活动萎缩、失业上升的影响将通过产业链反馈至国内。

纺织服装行业承载大量就业,对保居民就业、保市场主体、保产业链和供应链稳定具有重要地位。服饰是受经济景气程度影响较强的可选消费品,疫情之下,全球服装消费大幅下滑,订单大量取消,给纺织服装产业发展带来了极大的外需冲击。

笔者认为,纺织服装产业的外需风险敞口较大。更为重要的是,纺织服装近年来还面临着较大的产业外迁压力。在外迁、外需的双重冲击下,纺织服装产业在全球产业链中的地位将如何变化,企业经营发展面临哪些风险压力,政策上应当如何应对,值得高度关注。

## 纵向看：产业外迁压力近年来加剧

进入21世纪以来，中国纺织服装产业的发展经历了三个阶段：

2001~2010年，"入世"后的外贸需求驱动中国纺织服装产业加速发展，中国逐渐成为全球纺织服装制造中心。2001~2010年，中国布产量从290亿米上升至907亿米，纱产量从761万吨上升至3733万吨，化纤产量从841万吨上升至4886万吨，均为全球第一。

2011~2017年左右，中国纺织服装产业进入平台期。随着要素成本上升，中国纺织服装产业开始向劳动力成本较低的经济体迁移。其间，纱和化纤的产量增速较前10年显著放缓，布和服装的产量整体上出现了震荡下行的趋势。

2018年以来，产业主要产品产量出现负增长，衰退迹象凸显。一方面，中美贸易摩擦使得价值数百亿美元的纺织服装商品受美国加征关税威胁，企业利润受关税挤压；另一方面，环保限产政策不断出台，产能受限，合规成本大幅上升，污染较高的纺织印染首当其冲。

在此背景下，企业较以往更有动机降低对中国的依赖，迁往关税较低、对承接产业发展有迫切需求的地区，如越南、柬埔寨、孟加拉国。其中，成品服装生产主要转向越南、孟加拉国及土耳其、摩洛哥等新兴经济体。例如，美国品牌耐克和盖璞在华生产仅保留了23%和21%，优衣库则正在实施让越南承担40%生产的计划。受此影响，纺织服装企业在规模以上工业企业营业收入中的占比几乎腰斩，从2003年的7.5%下降至2018年的4.3%。

纺织服装产业在就业上的贡献远大于经济效益上的贡献，成为中低技能劳动力就业的蓄水池。2018年规模以上工业企业统计显示，纺织服装产业在从业人员中的占比达到8.4%，远高于占营业收入的4.3%。一旦产业过快萎缩，出现倒闭潮，工人失业返贫风险必然大幅提高。

## 横向看：出口结构在竞争中变迁

纺织服装产业链较长，上游涉及天然纤维（如棉、麻、毛）和化学纤维生产，中游包括纺纱、织布、印染等加工步骤，下游包括服装、家纺、工业用纺织品等最终产品的生产。

中国在全球纺织服装贸易中的占比达到40%，高于在全球贸易中的占比（24%）。基于联合国贸易数据库（UN Comtrade）的计算可知，2000~2014年，中国出口在全球纺织服装贸易中的占比从13.5%逐年提升至41.0%，又逐渐回落至2018年的35.8%，2019年受中美贸易摩擦影响进一步下降；进口占比则一直围绕5%波动。

中国的价值链地位正在逐渐从低端向高端升级。笔者仍以中国进出口在全球相关贸易中的占比来分析中国在全球产业链的变化。尽管劳动密集、低附加值的服装生产外迁，但中上游化纤、面料地位相对稳固，纺织机械等高附加值资本品在全球贸易中的比重不断提升。

### 服装

产业外迁背景下,下游劳动密集、低附加值的服装生产正被缓慢挤出。2014年,中国服装出口占据全球服装贸易的41%,为历史高点,之后缓慢下降,到2018年比重为34%。2010~2018年,服装出口的年复合增速为2.3%,在纺织服装产业链中表现仅好于天然原料。

正如上文所述,中国在服装领域面临与越南、孟加拉国、印度、印度尼西亚、土耳其、柬埔寨等国的竞争,这些廉价的劳动力资源对中国形成替代。不过,产业转移是一个长期过程。事实上,海关总署早在2008年便已对纺织服装向东盟等周边地区外迁提出预警,世贸组织亦指出孟加拉国服装出口在2008~2018年间增长两倍。但从体量看,2018年中国服装出口1578亿美元,仍以34.3%的份额占据全球第一,而上述六国同期份额分别只有6.7%(越南)、5.6%(孟加拉国)、3.7%(印度)、3.6%(土耳其)、2.0%(印度尼西亚)和1.8%(柬埔寨),加起来也只有23.5%。这背后,是中国制造业的规模优势在一定程度上弥补了劳动力成本上升的劣势,而经济体量小、产能有限是掣肘其他新兴市场完全承接产业转移的重要因素。

### 化纤、面料

中上游的化纤、面料在全球贸易中的地位上升。中国是重要的化纤和面料出口国,到2018年,纱线面料出口占据全球贸易三成,化纤出口占据全球贸易四成。事实上,中国是为数不多的服装、面料和化纤均为净出口的经济体,下游生产国如越南、柬埔寨等均依赖进口面料。

UN Comtrade的数据显示,中国纺织品不仅出口规模大,增速也处于领先地位。较服装而言,纱线、面料、化纤的资本密集和技术密集程度更高,对劳动力依赖小,因此中国劳动力要素优势减退对这些行业的影响较弱。不过需要注意的是,中国与生产有关的其他成本如电价、棉价都高于国外,因此部分面料生产仍面临别国竞争。就纱线、面料出口而言,在全球市场份额较高的有德国(9.3%)、土耳其(5.9%)和印度(3.6%);就化纤出口而言,在全球市场份额较高的有印度(5.1%)、印度尼西亚(3.9%)和土耳其(3.8%)。

**纺织机械**

纺织服装行业资本品出口大幅上升。2000年以来,中国在大多数年份都是纺织机械的净进口国,进口一度占据全球纺织机械贸易量的四成。但近年来,中国织机出口的份额不断攀升,占全球织机贸易的比例从2000年的1.9%上升至2018年的26.9%。这表明,随着技术密集度上升和研发强度提高,中国纺织机械已经具备国际竞争力。从出口份额看,中国已经跻身纺织机械出口第一梯队,份额已经超过德国、日本等传统出口国。

同时,服装生产外迁,使得下游国家对纺织机械的需求大增。笔者利用海关总署的数据测算,2019年中国纺织机械出口30.4亿美元,前五大出口目的地为印度、越南、孟加拉国、土耳其和印度尼西亚,这些地方均为服装生产大国,五国的进口合计占据中国55%的纺织机械出口。这表明中国在产业链上游的地位正在逐渐确立。

新冠肺炎疫情短期内冲击零售和企业资产负债表,可能会使与产业迁移有关的直接投资活动暂停。但长期看,比较优势的持续以及关税等保护主义压力将促使产业转移加速,使得产业链区域化、多中心化。劳动力资源萎缩及用工成本上升,将使服装生产进一步离开中国,并在一定程度上影响中国国内的纱线和面料制造。然而,受到低油价和规模经济的推动,中国化纤产业在全球的份额有望持续上升,而服装产业加速外迁可能将进一步促进中国纺织机械的研发与出口。

## 外需、外迁叠加下纺织服装产业风险不可忽视

海外疫情对纺织服装产业的主要冲击在于出口。对中国这样的全球价值链枢纽而言,疫情对一个产业链存在供需双向的冲击:一方面,中国进口以中间品为主,海外的产业链上游停工、断供可能导致中国的中下游生产停滞;另一方面,外需收缩将使得中国出口环节遭受压力。就纺织服装而言,中国出口远大于进口,并且基本没有"卡脖子"的技术壁垒,因此主要应当关注外需影响。

2020年,海外疫情对纺织服装产业出口的冲击在第二季度大幅加剧。2020年第一季度,美国GDP下降4.8%,欧盟下降3.5%,韩国下降1.4%,中国香港下降8.9%。由于第二季度海外疫情恶化,防控措施升级,因此中国纺织服装行业面临的外需压力随之增大。事实上,4月、5月中国出口好于预期的主要原因是海外防

疫物资需求大增以及居家办公产生的计算机需求上升，大部分品类出口实际上是负增长。2020全年织物、面料出口大幅上扬，反映了口罩、防护服等防疫物资的出口需求高涨。

疫情对纺织服装行业的冲击大于总体经济活动。服装是线下属性较强的可选消费品，在疫情影响下，居民削减支出，线下消费活动停摆，更是对服装消费形成双重打击。2020年前4个月，中国限额以上企业商品零售总额同比下降14.7%，但服装零售下降31.3%；实物商品网上零售额同比上升8.6%，但穿着类零售下降12%。海外的情况更加不容乐观，欧盟纺织、服装、皮革商店零售2020年3月同比下降40%，美国4月服装店零售同比下降89.2%，跌幅创历史纪录。海外需求断崖式下跌，导致中国大量出口订单被取消，已经生产的库存积压，企业"无工可复"。

疫情产生的外需冲击贯穿中国整个纺织服装产业链。需注意到，纺织是服装服饰的上游产业，海外对服装的需求下降，最终势必体现在对纱线、面料的需求下降。

外需冲击下，纺织服装企业的经营压力将显著上升。从规模以上工业企业统计数据看，近年来纺织服装产业利润率下滑，其中受环保因素影响，纺织业利润率降幅更快；经济效益下降也导致杠杆率上升，特别是纺织业资产负债率已从2016年的51.7%上升至2019年的57.2%。笔者对A股上市民营企业的现金支出压力测算也显示，在停产情况下，纺织服装产业公司的账面资金仅能维持2.16年的固定支出，在全部行业中排名垫底。受经济效益下滑影响，2020年第一季度整个产业固定资产投资完成额同比下降38%，纺织、化纤、服装分别减少37.1%、45.8%和19.2%。

此外，纺织服装产业的一大特点是民企密集、中小微企业众多。笔者根据中国纺织工业联合会的调查估算，认为全国28个重点纺织产业集群约有7.6万户企业，其中约4000户是规模以上企业，其余7.2万户是年收入不到2000万元的规模以下企业。而这些企业资产负债表脆弱，在国内外疫情的持续冲击下生存压力陡增。

国内外疫情持续冲击下，企业停产倒闭引发的就业压力值得高度关注。2020年政府工作报告指出，2020年以来就业压力显著加大，企业特别是中小微企业困难凸显，稳就业、保民生成为全年重点。2018年年底，规模以上纺织业从业人数331.8万人，纺织服装、服饰业从业人数335.6万人，而到2020年2月，上述数字已经分别降至263.8万人和249万人，就业岗位不断流失。笔者根据中国纺织工业联合会的调查估算，纺织服装行业的规模以下企业至少雇用了289万人，因此总就业规模仍不少于800万人。2020年1~3月的国内疫情造成企业停工、工人复工困难，已经使不少规模以下企业身处困境。而3月下旬开始的外需冲击持续更久。面对长时间的需求剧烈萎缩，小微企业倾向于直接关停，导致失业上升。

从发展趋势看，中国借助"入世"契机发展成为全球纺织服装制造中心，但产业外迁、环保压力和中美经贸摩擦导致纺织服装产业近年来的发展逐渐放缓，近几年甚至出现了衰退迹象。

从产业结构看，纺织服装产业在逆境中表现出产业升级趋势。中国纺织服装在全球贸易中的占比下降，主要体现在低附加值、劳动密集型产品，即服装。在行业中上游，我国化纤、面料自给能力提升，纺织机械等资本品出口也显著上升，我国在产业链上游的地位正在逐渐强化。

在疫情冲击下，纺织服装产业的主要风险在外需萎缩。海外疫情对中国出口的冲击在2020年第二季度大幅上升，而纺织服装受到的冲击往往大于总体经济，并且将贯穿整个产业链。纺织服装产业中小微企业众多，应当关注纺织服装企业的经营压力以及由此造成的就业压力。

在外迁、外需双重冲击下，纺织服装产业应在行业自身和政策支持两个层面联合行动，以转危为机，具体如下：

行业层面，有条件的企业短期内应努力自救。例如可通过转产"抗疫"物资，满足国内外需求缺口，缓解现金流压力。而面对产业外迁，下游企业应通过数字化转型和智能化重塑，实现降本增效。中上游企业应当通过加大研发，进一步占据中间品和资本品的国际市场。

政策层面，应积极落实政府工作报告政策部署，帮助行业渡过难关。2020年政府工作报告指出，应当千方百计稳定和扩大就业，加强对重点行业、重点群体就业支持。具体而言，可以借助更加宽松的货币环境和更加积极的财政政策，落实好扩大、延长减税降费和还本付息等措施，保障资金链吃紧但具有竞争力的企业存活下来，帮助研发密度高的企业维持正常研发活动。对面临失业压力的人员，可以有针对性地发放消费券或现金券，并开展再就业技能培训。

## 群雄逐鹿之下，中国投资如何布局越南

2020年，越南人均GDP仍未突破3000美元，但在中美贸易摩擦和新冠肺炎疫情背景下，该国成为外商投资热土。日本政府斥资22亿美元，以财政力量支持日本企业将生产基地迁出中国，在2020年7月公布的第一批迁往东南亚的30家企业中，有半数将迁往越南。《欧盟-越南自由贸易协定》于同年8月生效，这一高规格协定将在10年内削减99%的双边关税。更不用说韩国巨头三星已将电子消费品生产全面撤出中国，大部分迁往越南；中国诸多制造业企业也将越南作为躲避美国关税、转移生产的首选目的地。

外资在越南的布局规模愈发庞大，呈现出合作与竞争并存的局面。在中国从国际大循环转向国内大循环为主体、国内国际双循环互相促进的背景下，有必要理解各国政府和企业在越南的布局逻辑及投资重点，以便汲取经验，扬长避短，更好地迎接出海的机遇和挑战。

## 越南对外资的吸引力何在

越南吸收外资的历史可分为三个阶段。1986年,越南便效仿中国改革开放,提出"革新开放"方针,但受经济基础薄弱和东南亚金融危机等因素制约,外资进入较慢,行业也主要集中在建筑和服务业。2007年加入世贸组织后,越南开放全面提速,外国直接投资流入跃上新台阶,制造业开始成为国际直接投资(FDI)的主要接收者。自2015年后,受产业从中国外迁、中美贸易战等影响,越南吸引外资进一步提速。

笔者通过两大维度分析企业出海投资的动机。首先是从主导方看,可分为政府主导和企业主导,前者的特点是政府引导企业出海布局,基建等援助型项目占比高;后者的特点是企业主动出击,制造业、服务业占比高。其次是从经济目标看,一是"效率追求型"投资,旨在调整产业链,利用东道国的成本优势提高利润率,主要决定因素是薪资水平、劳动力技能、地价、基建水平、外资政策、贸易条件等;二是"市场追求型"投资,旨在开发东道国的市场潜力,主要决定因素是人口、人均GDP以及GDP增速;三是"资源追求型"投资,旨在获得能源、矿产等战略性资产,主要决定因素是资源禀赋和政治环境。

越南适合发展"效率追求型"投资,但其主要优势并非市场广泛认为的人力资源成本低廉。实际上,尽管越南人均月收入仅有291美元,远低于中国的1092美元、泰国的458美元、墨西哥的586美元,但除以人均产出后得到的单位劳动成本高达0.73,不仅远高于东盟其他主要经济体和墨西哥,也超过了中国。换言之,如果只考虑生产侧成本,那么在越南生产同样数量产品的成本未必低于中国。

越南吸引外资转移生产的真正优势包括三个方面:

第一,经贸开放程度高。贸易方面,作为东盟成员国,越南在享受东盟共同体自贸市场以及"东盟+1"系列自贸协定(包括中国、日本、韩国、澳大利亚、新西兰、印度等)外,还加入了高标准的CPTPP和包含中国的RCEP,并与欧盟签署《越欧自贸协定》,对欧盟关税将逐步降至零。贸易战使中美之间关税大幅上升,使越南的低关税优势凸显。越南的自由化举措不仅旨在降低贸易成本,更意图借此推进国内改革、实现高质量开放,打造坚韧、多元化的产业链。投资方面,越南政局稳定,准许投资的范围广泛,根据经济合作与发展组织(OECD)编制的2019年FDI限制指数,越南对外资开放程度高于中国,在东盟仅次于新加坡和缅甸。

第二,越南政府吸引外商的政策支持力度大,包括企业所得税税率低、优惠条件多,这进一步增强了其吸引力。种种因素驱使外资不断涌入越南,越南2020年前8个月的出口中,有64%来自外商投资部门。越南的主要出口,如手机、计算机、机械、服装、鞋类,均有外资的广泛参与。

第三,"市场追求型"投资在越南亦大有可为。参考中国历史经验,越南目前处于经济起飞期,工业化蕴含着经济增长、收入提升、城镇化提速的巨大机遇。越南人口接近1亿,消费市场总量庞大;人均GDP相当于中国2006年水平,收入提高催生消费升级;越南城镇化率只有36.6%,对比其他中等收入国家仍有广阔提升空间。

## 越南外资布局现状

越南的外国投资呈现"四分天下"的格局。从总注册资金看，2010~2019年，韩国以投资总额327亿美元居首，日本、中国（含香港）、新加坡分别以285亿美元、240亿美元、215亿美元紧随其后。在《越欧自贸协定》和《越欧投资保护协定》（EVIPA）生效后，欧盟也将成为越南的重要投资者。从上文分析看，外资投资越南的宏观逻辑无外乎实施产业链重构和开拓其国内市场，但各国投资越南背后的考量并不相同。新加坡作为离岸FDI枢纽，不易穿透分析投资的来源，因此本文将重点介绍其余四大经济体对越南的布局逻辑。

**日本：政府主导+企业跟进**

日本对越南投资的特点是国家主导，兼具"效率追求型"投资和"市场追求型"投资的属性。日本典型的出海战略是发展援助在先、企业投资跟进，对外投资带有强烈的经济外交目的。这一方面是因为日本在经济上属于亚洲第一梯队，在海外投资方面有先发优势，另一方面是因为"二战"后日本实施和平宪法，一直是"非正常国家"，政治、军事外交发展受限，因此有诉诸经济外交的强烈动机。典型模式是日本政府通过日本国际协力机构（JICA）提供政府开发援助（ODA），向东道国授予特别经济区开发贷款，发放路桥基础设施建设拨款和贷款，由日本企业参与建设，再吸引企业入驻产业园。日本希望以此促进与东道国的经贸关系，为企业后续投资展业提供便利。

在东南亚各国中,日本最为重视越南。据JICA的报告,日本是越南的第一大ODA来源国和基建投资国。截至2019年6月,日本在越南基建投资达到2087亿美元,是中国的两倍,占日本在东南亚基建投资的一半。越南的港口、铁路和公用事业不乏日本投资的身影,包括耗资580亿美元的河内—胡志明市高速铁路、河内城铁1号线和2号线、莱县(Lach Huyen)港口以及河内内排国际机场2号航站楼等。同时,住友、野村、双日等商社在河内、胡志明市、海防等地投资兴建了多个产业园。这些产业园不仅能享受税收优惠,提供水电等基本服务,还聘用当地专业人才,为企业提供政策咨询、工作许可办理、行政管理、报关和租赁介绍等服务,为缺乏海外经验的企业的投资、运营、营销提供巨大便利。

日本企业在越南兼顾开发当地市场和谋求产业链布局。日本出海企业更重视东道国本土市场,对东道国经济的参与程度往往更加深入。这体现为两个特点:

第一,商品当地生产、当地销售的比例高。根据2019年日本经济产业省海外事业活动基本调查,日本全部驻海外企业63.5%的营业收入为销往当地市场所得,36.5%为出口所得。驻越南日企的内销和出口比例分别为46.9%和53.1%,出口部分中有65%运往日本,表明日企较看重越南出口服务东南亚和日本市场的作用。不过,随着越南本国消费市场规模扩大,日企在越内销的比重可能上升。

第二,较其他国家更为重视不可贸易的非制造业投资。日本对越南的非制造业投资主要集中在金融保险,这一行业占2005~2018年日本全部对越直接投资的23%。事实上,不只是越南，金融业在日本整个对外直接投资中一直占有重要地位。此外，线下零售批发也是日本企业布局越南的重点。由于布局早、质量高、商贸领域经验丰富，日本企业将是越南消费市场扩张的最先受益者。

当然，制造业投资仍是主导。经过几轮产业重构，以精密器械、运输设备、电气机械和一般机械为代表的技术密集、资本密集制造业已成为日本优势产业，它们也是日本在越南重点投资发展的产业。2005~2018年，制造业占日本对越南直接投资总额的63%，而上述四大产业占投资总额的34%。丰田、本田、松下、佳能等日本制造业企业均已在越南扎根。

**韩国：大企业主导下的产业转移**

与日本截然不同，韩国投资越南是大企业主导的"效率追求型"投资，旨在通过优化的产业链布局服务全球消费市场。此外，与日本制造业和非制造业双管齐下不同，韩国在越南的投资绝大多数围绕电子产业。

韩国在越投资与该国巨头三星的布局有密切关系。三星不仅是越南的最大投资商，也是对越南经济贡献最大的单个企业。2008年，三星出资6.7亿美元设立三星电子越南公司（SEV），10年后总投资已经增至173亿美元，共有8家工厂和1家研发中心。根据三星2019年年报，SEV以及后来设立的三星电子越南太原有限公司（SEVT）和三星显示越南有限公司（SDV）贡献了三星当年营业收入的31.2%。据日经报道，三星对越南出口额的贡献达到1/4以上。而在三星的持续投资下，越南跃升为全球第二大手机出口国，仅次于中国。

在电子产业链中，电子消费品的下游组装劳动密集度较高。三星2008年在越南设厂的主要目的是探索将生产环节多元化，利用越南的廉价要素和外商优惠降低生产成本。而2013年之后三星投资越南步伐明显加快，原因一方面是中国成本持续上升、外部环境不确定性加大，另一方面是三星手机在中国市场的激烈竞争中出局，市场份额从2013年年中的15%左右跌至不足1%，在中国当地为消费者生产商品已经失去意义。

三星相继关闭了深圳、天津和惠州的手机工厂以及苏州的电脑工厂。根据三星年报，三星电子越南子公司的资产在2013年后加速上升，2015年后在华子公司的资产见顶回落，其中消费电子业务资产不断缩水，半导体业务资产上升。这表明，越南已经取代中国成为三星的消费电子生产枢纽，中国则转型为三星的研发中心和技术复杂度更高的半导体存储芯片生产中心。

三星的越南布局也在牵动数百亿美元级别的产业链转移。财报显示，2019年三星电子在越南三家分公司的销售额约为150亿美元。而在三星尝到甜头后，韩国另一家电子巨头LG也在越南海防投资15亿美元设厂。影响更大的则是配套产业链的迁移，据三星官网显示，在三星电子的100家主要供应商中，已有26家企业通过28家在越南的工厂向三星供货，仅略少于在华的31家。随着三星完全关闭在中国的手机和电脑生产设施，三星产业链上的供应商在越南布局生产的步伐或将加速。同时，更多的越南本土企业也在加入三星产业链。

**欧盟：以自贸协定全面加速对越投资**

欧盟在越南布局有一定的战略考量。事实上，由于距离遥远，经济体量相差悬殊，欧盟与越南在传统上并非亲密的贸易伙伴。越南仅为欧盟的第17个贸易伙伴，而对越南外贸而言，欧盟是第三大出口市场和第六大进口市场。事实上，2019年，欧盟在越南进出口中的份额均较2011年有所下降。投资方面，2019年欧盟对越南的FDI注册资本为15.3亿美元，仍然大幅落后中国（122.9亿美元）、韩国（83.4亿美元）、新加坡（44.2亿美元）、日本（41.7亿美元）。

2020年8月1日生效的《越欧自贸协定》有望极大促进双边经贸关系。根据该协定，双边贸易99.7%的关税将分阶段取消，越南对欧盟出口立即取消65%的关税，其余分10年取消；欧盟对越南分7年取消关税；非关税壁垒也将被大幅削减。据WTO统计，2018年欧盟对越南非农产品征收的平均关税税率是3.8%，显著低于美国（7.5%）和韩国（8.2%）的对越关税，与中国（4.3%）和日本（3.7%）的对越关税相近，对越南纺织品的关税更高达12%。相比之下，新自贸协定将使双边贸易的关税税率降至可以忽略不计的水平。在《越欧自贸协定》和同为新签署的《越欧投资保护协定》的助力下，欧盟对越南投资预计将有大幅提升。

《越欧自贸协定》很可能改变越南的产业链现状。原因如下：一方面，协定对欧越贸易有强烈的正向激励作用。世界银行估计，全面实施协定将对越南GDP和出口分别带来2.4%和12%的提振。另一方面，它试图通过严格、极为详尽的原产地规则重塑区域产业链，特别是减轻对中国产业链的依赖。如自贸协定原产地议定书旨在提高越南纺织服装的国内成分，只有部分涉及高技术面料的成品被允许保留最高40%~50%的外国成分；计算机和手机制成品则最多只能使用45%的外国成分。事实上，根据OECD附加值贸易数据库，越南2015年的直接国内附加值比例只有34%，电子只有29%，服装鞋类只有40%，要想达到自贸协定的原产地要求，越南需要显著提高本国产业链的附加值比例。

《越欧自贸协定》的影响将涉及三类产业。一是欧盟的优势产业，如机械、汽车。二是欧盟对单个国家依赖程度高、需要将供应链多元化的产业，如医药和医疗设备。疫情造成的供应链中断和物资短缺催生了发达经济体回流或分散关键产业链的诉求，欧盟也不例外，欧洲制药厂商诺华、阿斯利康以及总部位于爱尔兰的医疗设备厂商美敦力（Medtronic）均通过合资或增资加大了在越南的投入。三是欧盟为重要消费市场的产业，如纺织和电子。越南作为加工型出口国，大量物料依赖中国进口，但自贸协定生效后，厂商出于降低成本的考虑，可能将中上游生产迁移到越南，以符合原产地规则对越南本国成分的要求，获得关税优惠。

例如，纺织服装产业是越南的支柱性产业，占越南2019年出口的12%。2020年，越南已经超过孟加拉国，成为仅次于中国的全球第二大服装出口国。但越南纺织服装产业链发展并不均衡，据越南纺织服装协会数据显示，从事简单缝制加工（CMT）和贴牌加工（FOB）的企业数量合计占90%，占据行业高端位置的原始设计制造（ODM）和原始品牌制造（OBM）只有10%。这造成产业链"两头在外"：在越南从中国进口的纺织产业相关商品中，28%是服装面料，29%为化纤，10%为织机；服装占据对欧盟出口的94%。可见，越南纺织服装产业中上游依赖中国的供给，下游产销则依赖欧盟的消费市场。《越欧自贸协定》在原产地成分和用工环境上提出了更高标准的要求，可能驱使大型服装零售商将其供应链进一步迁至越南本地。

**中国：中小企业主导的产业外迁**

中资企业投资越南的历史可分为三个阶段。2006年前，投资规模几乎可以忽略不计；2006~2017年，中国企业出海投资增加，越南加入世贸组织，同时中国要素成本上升引发产业外迁压力，越南吸收中国外资（以注册资金计）初具规模，至2017年达到37亿美元；而2017年之后，中资企业对越南投资急剧上升，2019年中国（含香港）超过日韩，以123亿美元注册资金成为越南第一大投资来源地。

中国投资越南，目前是中小型企业主导的"效率追求型"投资，原因如下：

首先，中小型企业的自发投资占据主导地位。笔者对比了越南官方口径统计与美国企业研究所（AEI）追踪的中国对越FDI——后者主要追踪有公开报道、规模在1亿美元以上的中国大型对外投资，发现在2019年AEI口径的中国对各国直接投资中，越南仅以26.9亿美元排名第23位，同时，AEI口径与越南官方口径的数据差距不断扩大。这或许表明中资企业投资越南以1亿美元以下的民营投资为主，主要可能来自中小企业众多的服装纺织行业。事实上，2017~2019年的三年里，中国对越南合同金额超过1亿美元的制造业项目只有2017年的贵州轮胎、2018年的五矿和2019年的歌尔电子，与丰田、松下、三星、LG等日韩制造业巨头主导各自产业链布局越南形成了鲜明的对比。

其次，对越投资的主要考量是内外部形势变化下的被动产业转移。笔者发现，2015~2017年，美国仅在服装、鞋类、箱包等劳动密集型产品方面对中国的依赖减少，但2017~2019年，中国在美国进口中的占比全线下降，份额被东南亚国家和墨西哥抢占，与上述中资企业投资越南的步调变化一致。这表明，2017年之前企业主要是因为中国人工、土地等要素成本升高而迁往越南，2017年之后则是为了规避中美贸易战下的高额关税而迁往越南。

最后，对越非制造业投资集中在电力领域，基建反而成为短板。在AEI统计到的269亿美元中国对越南投资中，能源占175亿美元（65%），而能源投资几乎全是发电项目。越南电力短缺，越南工业贸易部指出，该国2021年将面临66亿千瓦时的电力缺口，往后还将继续扩大，这也是中资企业纷纷投资越南电厂的原因。而在公路等其他基建领域，尽管中国企业兴趣浓厚，但越南政府在涉华经贸上举止谨慎，且中企在越延期、超支和施工质量问题严重，往往使越方望而却步。2019年越南交通部取消南北高速8个标段的国际招标，转而以更低的门槛邀请越南本国企业投标，对中资企业的不信任被认为是重要原因之一。

## 结论与建议：中国如何把握越南机遇

综上，日、韩、欧、中赴越南投资存在不同的考量和策略。

日本对越投资由国家主导，意在拓展经贸外交，以基建和产业园带动企业入驻，开发当地市场和谋求产业链布局并举。韩国对越投资是大企业主导，旨在利用越南当地的要素优势，建立电子行业的大型离岸生产基地，辐射全球市场。欧盟对越投资与双方的自贸协定密切相关，隐含欧盟重塑产业链、分散风险的政治考虑。中国对越投资则主要反映外部环境压力下中小企业自发的生产外迁。

进入越南的大量外资将在合作与竞争中共存。一方面，考虑到越南本土产业链链条越来密集、覆盖行业越来越丰富，各国的优势产业链可能汇集在越南，形成集群。越南的三星产业链即是例证。另一方面，不同国家的外交经贸目标和不同企业的经营发展目标聚集在越南仅仅33万平方公里的土地上，势必将引发竞争冲突。基建方面，日本和中国已在东南亚的多个建设项目中成为竞标对手。制造业方面，不同国家的同行企业可能争夺同一块厂房，或谋求建立排他性的产业链。激烈竞争或导致越南制造业成本加速上升，而越南政府的投资审批也将更加严苛，对项目的行业、效益和环境影响提出更高要求。

在笔者看来，把握越南的投资机遇，可从以下三点入手：

第一，把握越南的低关税优势，发展针对欧美的出口导向型投资。早在贸易战爆发之前，美国和欧盟便已是越南的前两大出口目的地，而中美贸易战和《越欧投资保护协定》签署，更是使越南对美、欧出口的关税优势显著扩大。但应当注意到，越南对中国和东盟其他国家的出口则没有显著的关税优势。考虑到越南最低工资2015~2019年平均增长8.8%，一线城市（河内、胡志明市）薪资增速更高，纯粹发展低附加值劳动密集型产业的经济效益已经减弱，企业应当审慎决策，避免盲目跟风投资越南，对销往非欧盟地区的商品，可将生产留在国内或迁往柬埔寨、菲律宾等国。

第二，中国与越南现有产业链互补性强，企业对越投资应注重产业链完整性和数字优势。首先，越南制造业集中在纺织、电子、机械等领域的下游加工或装配，但中上游短板明显，依赖进口。中国制造业优势在于行业门类齐全，产业配套经验丰富，性价比高。面对越南加强本地化生产的压力，中资企业不妨顺势而为，利用产业链配套的丰富经验围绕大企业投资布局。其次，越南数字经济潜力巨大，但本国供给能力不足，而中资企业竞争力不断提高，特别是在人工智能、数字化等领域已经领先欧盟、日本、韩国。中企可考虑与越南企业合资开发当地数字市场，发掘数字消费、金融科技和产业数字化机遇。

第三，签署更高规格的双边自贸及投资协定，降低投资布局越南的风险，并为赴越投资企业提供便利服务。日本、欧盟与越南单独签署自贸协定和投资协定，韩国与越南签署自贸协定，这不仅降低了相关企业在越南投资的风险，也有助于争取到更多优惠。相比之下，中国与越南尚缺乏高规格的双边贸易投资协定，双方主要在2010年启动的中国—东盟自贸区框架下开展经贸往来。中国可以学习外国经验，为广大中资企业投资越南创造便利，如借鉴日本在越南的产业园。针对越南开放力度大但营商环境尚不成熟这一特点，政府层面可为赴越发展的企业提供更多帮助。

第 3 章

# 把脉后疫情时代中国经济发展新特征

## 再议破除"四万亿"恐惧症

2020年第一季度，新冠病毒影响之深超出预期，中国经济增速从6%左右的正增长迅速跌落至-6.8%。虽然国内疫情已经得到阶段性控制，但常态化防疫工作持续意味着国内经济活动短期内很难恢复到疫情之前，特别是对航空、旅行、餐饮、娱乐等服务业消费，负面冲击将持续较长时间。与此同时，海外疫情蔓延也加剧了外部需求萎靡的压力和产业链受阻的风险。

疫情之下，"保居民就业、保基本民生、保市场主体、保粮食能源安全、保产业链供应链稳定、保基层运转"成为重中之重。为做到"六保"，大规模的经济支持计划必不可少。然而，对于刺激政策，国内总有一些恐惧，认为这是"四万亿"卷土重来。当年为应对2008年全球金融危机采取的经济刺激计划，近年来一直由于其广泛的后遗症如房地产泡沫积聚、地方政府债务攀升、银行坏账风险加大以及部分行业产能过剩等，饱受抨击。

社科院余永定教授发表的《为当年的四万亿刺激计划正名，

现在必须大胆实行扩张性财政政策》[1]一文，笔者深以为意。实际上，虽然回顾"四万亿"经济刺激确实后遗症较多，但"四万亿"的教训并不在于是否推出刺激政策，而在于执行过程中忽视了中国经济固有的结构性弊端，比如地方政府财政行为缺乏约束机制、金融体系缺乏自主权、国有企业的隐性担保机制等。

笔者一直认为，刺激不刺激，需要根据宏观经济周期形势变化而定，坐视硬着陆而不采取政策，是对"四万亿"矫枉过正的表现。实际上，正是由于当年逆周期调控政策的果断出手，才使得中国经济迅速恢复体能，也为金融危机后中国抓住数字科技等多领域弯道超车的机会、增强全球竞争力、提升国际话语权奠定了基础。

后疫情时代，危机救助政策不应被"四万亿"恐惧束缚手脚，反而应该加大力度，如大幅提高赤字率至GDP的5%，增发3万亿元"抗疫"特别国债，加大对地方的转移支付，加强对中低收入群体和中小企业的定点帮扶，降低企业税费，完善公积金制度，支持发放消费券、现金券，发力"新基建"，加大对5G技术、冷链物流以及农村基础设施、教育、医疗的投资等，防范大规模失业和经济失速。

## 反思"四万亿"恐惧症

一直以来，"四万亿"经济刺激计划由于其广泛的后遗症而

---

[1]. 2020年5月6日发表于网易研究局（微信公众号：wyyjj163）。

饱受批评。但是在笔者看来，一个最基本的问题需要首先明确，即这些后遗症是由于"四万亿"逆周期宏观政策的逻辑错误，还是经济体系本身存在的缺陷或政策执行机制中存在的某种弊端？显然，这二者本质不同，应对方式也大相径庭，一旦混淆，不利于总结经验，反而容易矫枉过正。

不妨回顾"四万亿"推出之时的背景：

2008年下半年，受金融危机影响，中国出口急转直下，从年初的超过两位数增长迅速回落至负增长。2009年第一季度，出口转为两位数负增长，且工业生产大幅下滑，发电量零增长，大量中小出口企业关闭，沿海地区失业潮出现，等等。

当时中国经济已经可以被称为硬着陆，危急之时，"四万亿"政策意在避免更严重的失业与经济衰退，方向是正确的。"四万亿"的教训恐怕更多的是由于经济结构本身及决策的问题。笔者归纳了如下几点：

第一，地方政府财政行为缺乏约束机制。在资金方面，地方政府一旦获得支持，便有花钱欲望，所谓"不花白不花"的现象就反映了地方政府对资金运用缺乏约束机制的事实，所以号称"四万亿"的经济刺激最终花费超过10万亿元。而项目方面，"以GDP论英雄"的政绩考核体系一贯存在，个别地方官员为追求一时的高GDP，可以不顾一切上项目，全然忽略了对项目盈利性与风险性的考虑。

第二，金融体系缺乏自主权。当时银行承担的准财政功能，是导致其后系统性金融风险加大的主要原因。例如，有报道称，2010年10.7万亿元的地方政府负债中，有80%来自银行贷款。试问为何中国银行业在经济下滑阶段、缺少优质项目之时，会取代大量财政功能，天量放贷？这恐怕与当时政府给予的支持实体项目压力密切相关。

第三，国有企业的隐性担保机制。由于缺乏必要的市场退出机制以及存在隐性的政府担保，国有企业历来被视为优势企业，其项目被视为无风险项目，这也是银行忽视风险管理以及日后产能过剩企业能够大量存在的关键。实际上，大部分产能过剩企业以国有企业为主，至今没有一例兼并重组案例，更无法谈及破产机制。

第四，产业政策存在不少弊端。当时的"四万亿"是配合十大产业振兴计划以及"大力发展七大战略性新兴产业"推出的。而现在来看，曾经支持力度较大的行业，如钢铁、造船、光伏等，由于进入过度，面临严重的产能过剩。

## "四万亿"后，中国经济弯道超车

在笔者看来，"四万亿"刺激政策本身无可非议，执行过程中忽视了中国经济固有的结构性弊端才是症结。笔者在2017年9月的文章《金融危机十周年的三点反思》[1]中就金融危机是否削弱中国竞争力、应对危机的刺激政策是否值得等问题，做过进一步更为详细的讨论。

根据笔者观察，正是得益于当时逆周期调控政策的果断出

---

1. 发表于《企业观察家》2017 年第 10 期。

手,中国经济才得以迅速恢复体能,其后中国更是抓住了金融危机后弯道超车的机会,多领域全球竞争力大大增强,国际话语权也有明显提升。

这主要体现为中国在基建方面的投入相当巨大,相比短期较低的收益,高铁、机场、物流等基建投资的长期红利如今正在逐步显现。中国对全球经济的贡献从2006年的不足20%,上升到如今的近30%;中国出口份额占比从2006年的8.1%上升至2018年的12.7%,进出口在全球占比23.3%,成为全球产业链上最重要的一环。

与此同时,中国在全球范围内的相对高速增长,也带动了同期收入水平的提升,激发了中国居民的消费潜力。从零售市场来看,2006年中国的市场份额仅有1万亿美元左右,是美国市场份额的1/4,而2019年中国的零售市场已突破40万亿美元,接近美国市场份额。

中国在数字经济、金融科技、移动支付等领域的发展更是全球领先,截至2019年年初,全球15家最大的数字公司全部都来自美国和中国。在应对此次新冠肺炎疫情中,中国数字经济更是在强化社会公共安全保障、完善医疗救治体系、健全物资保障体系、助力社会生产有序恢复等领域发挥了突出作用。

例如,大数据分析支撑服务疫情态势研判、疫情防控部署以及对流动人员的疫情监测、精准施策;5G应用加快落地,5G+红外测温、5G+送货机器人、5G+清洁机器人等已活跃在疫情防控的各个场景;人工智能技术帮助医疗机构提高诊疗水平和效果,降低病毒传播风险。另外,新冠肺炎疫情改变了人们的思维方式和生活消费习惯，云办公、云课堂、云视频、云商贸、云签约、云医疗、云游戏等新消费需求将释放巨大潜力。

## 疫情下，宏观政策应进入危机应对模式

本次新冠肺炎疫情对中国经济的影响超过以往任何一次危急时刻。笔者认为，本次疫情至少会分阶段地从三个方面冲击中国经济。

第一重冲击是国内供给侧的冲击，即严格的疫情防控措施之下，中国经济短期内遭遇休克式下滑，如2020年第一季度GDP回落至-6.8%，创有季度GDP统计以来的新低。当然，伴随着国内复工复产，国内供给侧的冲击已逐步缓释。

矛盾向第二重冲击转化，即需求侧的冲击。其中既包括国内源于经济下行、收入下滑、企业与居民对经济前景不确定加大而导致的国内需求疲软，也体现在海外疫情蔓延阶段，新出口订单需求的明显下滑。

更加值得警惕的是第三重冲击，即产业链转移的冲击。金融危机以来，中国化危为机，深度融入全球价值链，占全球制造业附加值近30%。然而，疫情期间全球范围内出现了越来越多产业链转移的声音。欧美国家希望保证自身产业链完整性，以摆脱对他国尤其是中国市场的依赖，这也会加大中长期产业链转移的风险。

三重冲击之下，2020年、2021年中国经济增长面临较大挑战。在2020年第一季度GDP-6.8%的背景下，全年经济增速能够恢

复正增长，已实属不易。

从这个角度来说，要实现"保居民就业、保基本民生、保市场主体、保粮食能源安全、保产业链供应链稳定、保基层运转"的"六保"目标，还需尽快开启危机应对的政策模式，特别是财政政策需要加大力度，切莫被"四万亿"恐惧症束缚手脚。

第一，货币方面继续加大幅度降准、降息。疫情冲击下，国外主要央行集体量价宽松，令中国的货币政策空间进一步扩大。当前货币政策宽松力度不断加大，LPR（贷款市场报价利率）自疫情以来多次调降，尽快推动降低实际融资成本，对未来企业恢复、经济反弹而言具有更加重要的意义。

第二，大幅提高赤字率，扩大财政政策空间。危机之下，财政政策的作用比货币政策更为直接。为应对危机，美国推出2万亿美元紧急经济救助计划；德国亦罕见地突破财政红线，推出7500亿欧元财政刺激计划。相对欧美，中国政府债务率不高，3%的赤字率也并非红线，应允许财政赤字明显扩大至5%，以缓解财政收支困境，为后续刺激政策留足空间。

第三，发行"抗疫"特别国债。非常时刻，建议特别国债发放规模可达到3万亿元，优先用于公共消费或公共服务领域，设立专项基金帮扶受疫情影响较大的中小企业等。发行方式方面，当前有人认为国债发行可以通过央行扩表直接购买来实现，即财政货币化。在笔者看来，财政货币化未尝不可，但相比发达经济体，当前中国的政策空间仍然充足，建议优先用足现有政策空间。

第四，扩大消费券、现金券使用范围，尽快促进消费回补。

随着防控措施逐步解禁,消费券在全国多地广泛实践,使得客流明显回暖。此外,在失业率上升、居民现金流承压的情况下,借鉴国际经验,也可以考虑对中低收入群体发放现金券作为辅助。

第五,新老基建并举,有效扩大内需。"新基建"为后疫情时代中国经济破茧重生、求新谋变创造了积极条件。5G技术、人工智能、大数据、物联网等既是新兴产业,也是基础设施。依托"新基建"迅速发展的良好势头,数字技术得以广泛应用。这不仅有助于推动产业升级,扩大有效需求,保障民生托底,也是稳增长工作的重要抓手,为政府和企业提供了科学决策依据和精准施策手段。此外,应继续大力弥补传统领域的不足,加快规划一批完善社会公共服务体系的基建项目,如城乡医疗基础设施、养老托幼基础设施等,加大在交通运输、冷链物流、生态环保、农业农村等方面的投资力度,补齐短板。

第六,继续降低社保费率,降低公积金缴费。当前我国企业和居民社保负担仍然较重,进一步降低社保费率,在更长的时期内减轻企业和居民负担,不仅可以增加居民当期可支配收入、抬升居民消费意愿、改善企业经营状况,也会带动其自身的消费性支出。

第七,支持"刚需"群体住房需求,降低房地产对消费的拖累。2016年下半年提出"房住不炒"以来,房地产调控逐步常态化,持续数年的棚改货币化也开始退潮,2019年建设计划近乎腰斩;2018~2019年,房价整体保持高位平稳。这一方面导致有房一族财富效应缩水,对其消费造成了挤出,另一方面无房"刚需"一族因购房储蓄需求而减少消费。在"房住不炒"基调长期不变的情况下，应优先考虑解决无房"刚需"一族的问题，如加大保障房建设力度等，释放部分消费潜力。

第八，加大对外需敞口大的企业的扶持。产业链受阻，使得外需敞口较大的制造业行业遭遇较大生存压力，如纺织服装、电子信息、电气机械等，可考虑出台针对具体行业的支持政策，维持企业的存续能力和就业。同时，由于汽车消费遭遇疫情重创，未来可以降低汽车购买方面的限制，加大对汽车产业的支持力度。面对外部供给侧的影响，重点应当保障中国依赖度较强的大宗商品供应，建立充足的战略储备。

当然，新一轮经济刺激政策既要实现"六保"，又要避免结构性矛盾积聚，还需要与改革相结合，在建立制度环境、公平市场环境、改善政府治理、鼓励企业创新等方面做出努力。其中，释放要素，尤其是农村土地市场改革、加快新型城镇化建设等方面的改革红利至关重要。同时，为应对中长期的产业链转移风险，应在更大范围内放开外资和民营企业准入限制，采取竞争中立原则，扩大金融业对外开放，如2020年5月落实取消QFII（合格境外机构投资者）和RQFII（人民币合格境外机构投资者）境内证券投资额度管理要求，便呈现更加开放的姿态，有助于吸引外资、赢得更多跨国企业的合作，为应对逆全球化争取更广泛的支持。

# 从2000家企业季报看疫情冲击

编者按：本文于2020年5月首次发表于作者公众号，主要以疫情对经济影响尤为严重的2020年第一季度的数据作为样本，分析疫情对企业的冲击，非常具有典型性。时至今日，再看这篇文章，大部分观点和结论得到了验证。

2020年第一季度，新冠肺炎疫情突如其来，严格的疫情防控措施直接导致中国经济遭遇休克式下滑，第一季度GDP骤降至-6.8%，前所未有的供给侧冲击给广大市场主体尤其是民营及中小企业带来了巨大的生存挑战。2020年4月17日，中共中央政治局会议明确提出"六保"，其中"保居民就业"居于首要位置；2020年的政府工作报告进一步明确"保障就业和民生，必须稳住上亿市场主体，尽力帮助企业特别是中小微企业、个体工商户渡过难关"。

疫情对企业造成的实际冲击到底有多大？当前政策应该如何

应对？笔者基于2308家A股民营上市公司公布的2020年第一季度财报数据，设计并分析民营中小企业的经营、盈利和偿债方面的重点指标，就疫情对企业经营发展和银行不良贷款的冲击做了跟踪测算，并提出了针对性的政策建议。

## 企业经营情况和盈利水平显著恶化

生产"休克"导致企业经营规模和收入大幅收缩。以2020年一季报计算，样本企业报告期内总和营业收入同比增速约为-8.6%，而过去5年的复合增长率超过18%。营业收入与生产经营规模变化直接相关，营业收入的大幅下滑表明疫情期间民营中小企业的生产经营大幅收缩。分行业来看，各个行业的营业收入变化与疫情期间的停工停产表现了较高的一致性。按照申万一级分类，除农林牧渔、食品饮料、电子、房地产、综合等少数行业，多数行业呈现负增长态势。其中，休闲服务受冲击最大，2020年第一季度营收同比下滑超过50%，交通运输、纺织服装、汽车、建筑装饰、家用电器等行业的跌幅也较大。

盈利水平的恶化程度更为明显。2020年第一季度全部样本企业总和净利润同比大幅下滑28.7%；分行业来看，农林牧渔受益于疫情期间的必需品需求，净利润同比大幅增长；其余除电子和综合，所有行业均为负增长，休闲服务同样受冲击最大，第一季度净利润同比下滑超过140%，交通运输、纺织服装、汽车、建筑装饰、商业贸易等跌幅均超过70%。

国有企业的收入与盈利变化也印证了疫情的巨大冲击。2020

年第一季度，国有企业营业总收入同比下降11.7%，利润总额同比下降59.7%。到2020年4月，随着复工复产的推进，1~4月国有企业营业总收入同比降幅收窄到9.2%，但利润总额的降幅还在拉大，同比下降63.0%。其中，中央企业利润总额同比下降53.1%，较第一季度降幅增加了4个百分点，地方国有企业利润总额同比下降高达85.5%，降幅较第一季度收窄0.8个百分点。

### 盈利下滑导致部分企业暴露偿债风险

疫情冲击下，企业的偿债能力快速下降。2020年第一季度，随着样本企业的盈利下滑，上市民营中小企业的利息保障倍数从2018年和2019年的5.18倍、5.11倍骤降至2.88倍，企业的潜在违约风险明显抬升。其中，处于亏损状态导致利率保障倍数为负值的样本企业占比超过40%，利率保障倍数低于1倍的超过半数。

各个行业的偿债能力降幅与疫情冲击大小基本一致。分行业来看，除食品饮料、农林牧渔、医药生物、家用电器等行业的偿付安全边际仍然较高，其他多数行业的利息保障倍数均有不同程度下降，尤其休闲服务、建筑装饰、交通运输、商业贸易等风险敞口较大。例如，休闲服务行业样本企业的总和利息保障倍数为-1.63，超过77%的样本企业处于亏损状态。

### 广大中小微企业的情况更加严峻

本次评估分析的对象是A股民营上市公司，是民营企业中经营发展的佼佼者,代表了中国民营经济发展的最高水平。相对而言,在新三板挂牌的民营企业以及广大未能在公开市场融资的中小微企业群体,风险抵御能力更弱,受到的冲击可能更大,所处的情形将更加严峻。

疫情暴发之初,笔者曾利用2000多家A股上市公司、近8000家新三板挂牌企业近5年的财务数据,对疫情冲击下的经营压力、偿债压力进行了压力测试和比较分析。当时的研究发现,若疫情导致"停工停产3个月",则3个月的固定成本支出将使A股民营上市公司年度净利润分别下滑30%,而新三板挂牌民营企业的下降幅度高达50%左右;与此同时,A股民营上市公司的利息费用保障倍数将会下降至3.5,而新三板挂牌民营企业会下降至更低的1.8。由此推测,广大中小微企业盈利下滑程度可能更加明显,面临的债务偿还压力可能更加大。这应该也是高层强调一定要"帮助企业特别是中小微企业、个体工商户渡过难关"背后的原因所在。

## 高度警惕后续银行不良率的上升

企业负债与银行信贷是一体两面,企业的经营压力和偿债风险将最终反映在银行业机构的不良率上。2020年第一季度末商业银行不良贷款率1.91%,增长幅度有限,较上季末仅增加0.05个百分点。考虑到为应对疫情和为企业纾困,前期银行大量延迟了企业特别是中小企业还本付息的期限(根据银保监会披露的数据,截至2020年4月末,银行机构已对超过1.2万亿元中小微企业贷款本息实行延期),该商业银行不良贷款率可能尚未完全反映企业的违约状态。

笔者针对所有上市民营企业近似计算了银行的"隐含不良贷款率"（息税前利润为负或小于利息支出企业的负债之和/全部企业负债之和），来分析银行不良率的后续变化。"隐含不良贷款率"由IMF于21世纪初提出，在预测银行不良率变化上具有较好的前瞻性。相对于2020年第一季度银行不良率的变化，"隐含不良贷款率"出现了更大幅度的上升，提示应高度关注企业偿债压力加大向银行业不良贷款转化的风险。

## 守住企业生命线需要货币、监管、财政政策协同发力

面对这样的严峻形势，长期来看，需要通过深化改革开放来释放企业活力，应通过货币政策、财政政策、监管政策"三箭齐发"，全力缓解民营及中小企业的经营压力和偿债压力，守住生存线。

第一，持续加强对民营中小企业的金融支持，缓解资金链压力。自2020年5月6日国务院常务会议以来，决策层多次强调"强化稳企业保就业的金融支持措施"；5月22日的2020年政府工作报告明确了"强化对稳企业的金融支持"的相关措施。鉴于疫情对不同类型、不同行业民营企业经营和偿债的冲击存在差异，应考虑根据不同地区、行业的情况，将延长延期还本付息政策有针对性地实施到位；同时，推动银行机构补充资本，利用好相关的配套政策措施，充分满足中小微企业的资金需求。

第二，加大积极财政政策力度，扩大对民营中小企业的有效

需求。随着生产和投资的加速恢复，短期内的真正挑战已从经济"休克"下的供给侧冲击转化为有效需求不足。上述背景下，财政政策应当发挥更加重要的作用。2020年政府工作报告已经确定上调赤字率至"3.6%以上"、新增专项债3.75万亿元并发行1万亿元"抗疫"特别国债。应充分利用好上述举措增加的地方政府财政空间，加强对中低收入群体和中小微企业的定点帮扶，做好减税降费，用好消费券，发力"新基建"，让资金直接惠企利民。

第三，注重货币、监管、财政政策的协调配合，提前防范风险。在企业偿付能力恶化的背景下，货币、监管政策可能在未来面临更大的防风险压力，鼓励银行业金融机构特殊时期不抽贷、断贷、压贷，提高不良贷款容忍度的同时，也应前瞻性地做好拨备和不良贷款处置的政策储备。此外，财政政策需要重视加大对政策性融资担保、金融风险处置等方面的投入，为银行不良率上升提供必要缓冲。

# 后疫情时代,出口怎么走

2020年,中国在全球货物出口总额中占比14.7%,达到全球最高。步入2021年,不少观点预期,伴随着海外疫苗接种加速,多国经济改善迹象涌现,全球供应链的紧张局面将得到显著改善,中国出口高增长态势会显著回落。然而2021年以来,中国的出口表现却显示出较强韧性,增长屡超预期。其背后,与发达国家大规模刺激带动的强劲需求、疫情持续下的全球供给端约束,以及中国产业链的竞争优势凸显等因素密不可分。

伴随着中国出口好于预期,并带动国内生产提升,预期2021年我国的净出口仍将成为带动经济增长的重要引擎。同时,得益于国内基本面保持韧性,在美元走弱之时,人民币汇率出现显著升值。2021年4月,北上资金(从中国香港股市流入中国内地股市的资金)亦出现流入局面,说明外资仍旧看好中国。在此背景下,把握稳增长压力较小的宝贵阶段,加速推进中长期改革,特别是推动人民币汇率改革和资本项目开放,鼓励资本双向流动,推动人民币国际化进程,再度面临较好时间窗口。

## 发达经济体大规模刺激带动需求恢复，供需缺口扩大推升中国出口

疫情之下，发达国家悄然进行着财政赤字货币化的实践，大规模经济刺激带动欧美需求明显反弹，成为中国出口的关键拉动。美国方面，伴随着疫苗接种进展迅速，经济景气度明显上升，1.9万亿美元财政刺激为居民消费注入强心剂，2021年3月美国零售增长近10%，显著高于疫情之前。房地产市场繁荣增加家居类产品需求，助推中国家具、家电商品快速上涨。欧盟一改2021年年初疫情控制不力拖累经济的局面，欧盟采购经理指数（PMI）等创有数据以来的最高，未来中国对欧出口或成为新的增长点。

相比欧美需求侧的快速反弹，当地生产侧的恢复却显著滞后，供需缺口空前加大。如在2021年4月全球Markit PMI的调查中，欧美显示供需缺口的重要指标"供应商交付时间"指数出现暴跌。在笔者看来，供给端束缚加剧或与如下三个因素密不可分：一是疫情之下跨国供应链尚未恢复，航运运力不足、港口拥挤自2020年下半年以来对物流构成困扰，欧洲供应链更是进一步受到2021年3月苏伊士运河堵塞事件的困扰；二是部分中上游物资短缺，特别是困扰汽车和电子领域的全球性芯片短缺恶化；三是就业市场供需不平衡，特别是近期美国就业数据显示招工难与失业并存，疫情尚未平息和丰厚的失业补贴，正在阻止失业人群回到劳动力市场。总之，供需缺口的显著抬升为中国的强劲出口提供了支撑。

## 中国产业链优势进一步凸显

得益于中国巨大的市场规模、完整的工业体系、完备的基础设施和稳定的社会环境，即便有产业链转移的担忧，但中国通过出口产业升级，一直在全球供应链中保有独特优势。疫情之下，中国出口便承担了为全球输出防疫物资的主要职能。2021年年初疫情整体好转之下，中国出口已经从防疫物资扩大至越来越多的领域。除了上面提到的房地产相关需求，服装、鞋靴、箱包出口也大幅反弹，说明因疫情受到严重冲击的出行用品需求正在逐步改善。此外，手机、集成电路、汽车、玩具等受疫情直接影响较小的品类，2021年以来也有强劲的增长。

一个值得关注的现象是，2021年4月，印度疫情似有向东南亚扩散之势。情况恶化之后，全球供应链难免再次遭受冲击，进而全球对中国产业链的依赖将进一步提升。可以看到，从2021年4月开始，印度国内疫情全面升级，日均确诊40万例，印度国内卫生系统不堪重负。受此影响，2020年防疫相对成功、生产基本稳定的东南亚面临疫情恶化的危机，泰国、柬埔寨、越南等国家感染病例上升，马来西亚也提升了防控等级。作为全球重要的服装和电子制造基地的东南亚地区，一旦疫情持续升级，订单回流中国的现象可能再现，中国供应能力在世界范围内将更加受到依赖。

## 强出口助力中国经济与人民币汇率

综上，考虑到2021年以来发达国家刺激强于预期，疫情拖累全球供给恢复,以及中国在全球产业链上的优势,中国2021年全年出口整体上仍将保持较高增长,即使下半年基数升高,预计增速回落幅度也较为有限。经济稳健和强出口,为人民币汇率提供支撑。

除了国内基本面因素,美元走弱也助推人民币走强。2021年5月10日,人民币对美元汇率达到6.4,创2018年6月以来新高。2021年4月,北上资金进一步流入中国,显示外资仍旧看好国内经济。在此背景下,利用好"稳增长压力较小的窗口期",协同加速推进多项资本市场改革举措,加大人民币汇率弹性的同时,扩大金融开放,鼓励资本双向流动,助推人民币国际化,仍然面临良好时机。

# 提振消费的五大挑战和应对

伴随疫情防控与经济社会发展政策的统筹推进，消费复苏的内生动力逐步增强。2020年第四季度社会消费品零售总额平均当月同比已恢复至4%~5%的水平，当季最终消费支出拉动经济增长2.6%，较第三季度提升1.2个百分点。线上消费大数据显示，2021年1月消费复苏态势良好。消费修复的背后，是前期"保居民就业、保基本民生、保市场主体"政策成效的体现。

2021年，消费能否延续复苏态势，社会消费品零售增长何日能够回到疫情之前的水平？在笔者看来，关键需要解决好五大挑战。

第一，疫情反复仍存较高不确定性，服务消费恢复周期拉长，恢复速度滞后于商品消费。当前服务消费恢复程度明显不及商品消费，国家统计局数据显示，2020年12月，餐饮收入当月同比仅增长0.4%、比商品零售低4.8个百分点；2020年全年，居民服务消费支出占比有所下降，居民在食品烟酒和居住方面的消费支出占比较2019年明显上升，而交通通信、教育文化娱乐、医疗保健等服务分项则均有不同程度的下降。服务消费已损失份额无法回补,一旦疫情多点散发,防疫措施常态化,服务消费增长就会面临更多不确定性,恢复周期拉长,恢复速度仍将滞后于商品消费。

第二,疫情推动居民网上消费快速提升,依赖线下场景的零售消费将持续受到冲击。国家统计局数据显示,2020年全年实物商品网上零售额占社会消费品零售总额比重为24.9%,较上年提升4.2%,疫情推动居民网上消费迈上台阶。其背后,是居民消费线上化水平快速提升和线上渠道快速向下沉市场渗透。线上消费大数据显示,在疫情最为严重的2020年2~5月,线上消费的活跃用户数量月度同比增速明显抬升,且农村用户数增速更快、韧性更强。疫情在加速消费线上化转型的同时,依赖线下场景的零售消费将持续受到冲击,其发展面临不小的挑战。

第三,限额以下单位销售增速不及限额以上单位,消费供给侧恢复不均衡的情况可能传导至收入端和需求侧。国家统计局数据显示,2020年全年限额以上单位消费品零售额累计增速为-1.9%,高于社会消费品零售总额增速-3.9%;估算可得,限额以下单位约为-5.7%,明显低于限额以上单位。疫情冲击导致部分中小企业退出市场,大型企业占比提升。消费供给侧这种结构性变化带来的影响不容小觑,如进一步传导至收入端和需求侧,居民总体消费活力将被弱化。

第四,各线城市可选消费下滑,疫情或将继续放缓居民消费升级步伐。线上消费大数据显示,疫情显著冲击各线城市可选消费。2020年全年,线上消费必选消费增长较快,但可选消费部分城市出现负增长。当然，随着经济的改善，可选消费降幅缩小，从季度数据来看，一、二、四线城市2020年第四季度人均可选消费的环比下降额均小于第三季度，可选消费降幅已在收窄；但2021年第一季度，在疫情反复之下，居民消费升级步伐放缓之势延续。

第五，中低收入群体风险抵御能力差，消费增长的收入基础有待加强。疫情期间，中低收入群体遭受较大冲击，线上消费大数据显示，2020年除了高收入人群的年度人均消费额增速表现好于2019年，其他各收入群体的消费表现均有不同程度下滑，且整体上符合收入水平越低、品类消费表现越差的规律。从深层次原因来看，我国居民收入差距近年来有所拉大，国家统计局数据显示2019年20%的高收入户的人均可支配收入已达到20%的低收入户的10倍，低收入群体暴露于疫情等风险时更加脆弱，消费增长基础存在较大隐患。

为确保消费反弹的可持续性，中央层面的消费政策不断出台。2020年10月，国家发改委印发《近期扩内需促消费的工作方案》；11月，国务院常务会议部署提振汽车、家电大宗消费和促进释放农村消费潜力等相关措施；2021年1月，中共中央办公厅、国务院办公厅联合印发《建设高标准市场体系行动方案》，从进一步发挥消费品牌引领作用与完善引导境外消费回流政策等方面，提出了完善消费市场体系的具体要求。积极的政策面将推动居民就业、收入状况进一步改善，为消费延续回暖态势提供良好基础。

为应对提振消费的五大挑战，应巩固前期消费券的发放效果，继续扩大消费券支持力度，特别是可结合央行数字货币试点协同落地；更好地统筹疫情防控与经济社会发展，尽量避免"封城封路"对商品流通和消费的冲击；发力可选消费、下沉消费市场，强化中低收入群体就业和收入保障；加快提升品质消费、线上服务消费供给，大力鼓励在新型消费发展等方面的重点部署，发挥我国超大规模经济体优势，推动消费高质量发展，为构建双循环新发展格局提供有效助力。

# 逆势之下，中国FDI何以跃居世界第一

疫情重挫全球跨境投资活动，中国FDI反而逆势上涨。根据联合国贸发会议2021年1月发布的《全球投资趋势监测》，2020年全球FDI流量同比暴跌42%，跌幅超过2008~2009年金融危机，为有统计以来最高。在众多国家FDI显著回落的情况下，中国FDI流入增幅4%，达到1630亿美元左右，反超美国、欧盟和东盟，成为全球第一大FDI流入目的地。

除了疫情，过去几年中美贸易摩擦引发的高关税与不确定性，也对中国产业链外迁形成压力。美国对华贸易、技术、金融方面的打压层层加码，中国FDI表现却一枝独秀，外资流入不降反升，背后有何原因？

在笔者看来，疫情下中国经济率先好转、国内市场规模优势、产业链竞争优势的展现、高端制造业逆势上扬，均为稳定外资提供了理由。而在众多因素当中，首先，中国政府逆势开放的政策赢得全球信心，RCEP和中欧双边投资协定的签署，让中国与欧洲、日本、韩国的自由化之路更进一步，开启了外资布局中国

市场之路。

其次，国内疫情防控有力，经济快速恢复正常，为外资继续流入奠定基础。与欧美相对宽松的防控相比，中国采取及时有效的公共卫生政策，在最短时间内控制住疫情扩散，2020年第二季度基本完成复工，是全年FDI流入仍能取得正增长的前提。从商务部数据看，中国实际利用外资累计同比在2020年3月见底（-12.8%）后逐渐回升，至同年9月回正，与国内"抗疫"取得阶段性成效、复工复产拉动经济恢复的节奏保持一致。相比之下，欧美疫情并未得到明显控制，因此经济衰退时间要长于我国。2020年，中国是唯一取得正增长的主要经济体，全年GDP增长2.3%，而美国和欧盟GDP分别下降3.5%和6.8%。作为顺周期指标，FDI流量受基本面变化影响，与中国FDI正增长相比，美国和欧盟的FDI流入分别下滑49%和71%。

具体来看，中国FDI正增长的原因如下：

第一，对外开放政策加速落地。2020年逆境中，中国对外开放的举措较多。对内，2020年年初《外商投资法》及其配套法规陆续落地，多地应对疫情出台财政激励和租金减免措施稳定外资，全国和自贸区准入负面清单继续缩小，金融业外资限制基本解除。对外，中国的主要行动包括签署RCEP、原则上达成中欧双边投资协定，2020年中央经济工作会议提出积极考虑加入CPTPP。这些协议特别是中欧双边投资协定和CPTPP，对中国对外开放提出了更高的制度要求，显示了中国继续开放的决心，为稳定吸引外资提供了制度基础。

第二，中国产业链完备、基础设施良好的优势在疫情中充分体现，能够抵御产业链转移的压力。近年来，受要素优势下降、中美关系紧张的影响，中国制造业出现外迁压力。诚如笔者在"产业链外迁，中国怎么办"一节中所观察到的，中美贸易摩擦以来，中国传统优势的劳动密集型商品出口有相当一部分向东盟诸国转移，同时，美国近邻墨西哥也挤占了中国更多高附加值商品的出口。疫情暴发初期，发达经济体担忧本土产业链弱、关键物资依赖进口的问题，政府也出资鼓励产业外迁。

但2020年疫情之下，中国政府高效果断的采取疫情防控，首先确保了国内供应链的畅通，后期发挥制造业门类齐全的优势，有效填补海外供需缺口，不仅向全球提供了大量防疫物资、在线办公设备，而且也在海外经济深陷泥潭之际，向外输出家电、家具等可选消费品，经济稳定、产业链完备、基础设施良好等优势彰显，再次提高了外资企业在华生产的信心。从数据来看，2020年中国吸引外资反超东盟，而在2018~2019年中美贸易摩擦加剧背景下，东盟更加受到外资青睐。

第三，中国超大的内需市场发挥着外资稳定器的作用。虽然近年来受制于国内劳动力成本的不断攀升，中国制造业吸引外资的趋势有所放缓，但得益于中国巨大的市场规模，外资对中国服务业的投资已有明显提升。从FDI结构来看，2006~2019年外资对中国制造业直接投资占比从55%降至25%，而对服务业投资占比则从41%升至68%，与国内消费市场规模逐步壮大、消费转型升级的大背景相称。

与此同时，近年来中国零售市场增长迅速，已经十分接近当前第一大零售国——美国，并呈追赶之势。2020年应对新冠肺炎疫情时，中国并未像美国那样对居民实施大规模补贴，而是优先保护就业、民生和市场主体，这导致中美零售市场规模差距短期内有所拉大。然而，特别值得注意的是，自2020年第四季度以来，随着国内就业市场转好带动收入预期改善，中国消费市场出现了加速回暖特征，10月单月零售市场规模超过美国。在此背景下，预期一两年内，中国很可能成为世界第一大零售国，为吸引外资奠定基础。

第四，疫情催生居家办公和线上娱乐需求，数字经济发展及相关投资活动进一步获益。据联合国贸发会议，2020年全球信息和通信行业绿地投资金额同比增长18%，跨境并购金额同比增长216%。数字经济在中国抗击疫情、复产复工和经济复苏中发挥了重要作用，同时孕育多种新模式、新业态，产生大量投资机遇。中国在高技术产业和数字经济发展方面具有后发优势，吸引外商投资竞相涌入。虽然整体制造业直接投资下降，但主要是低附加值的产业存在转移压力，高附加值的高技术产业吸引力反而显著增加。从中国商务部的数据看，2020年高技术产业吸收外资增长11.4%，高技术服务业增长28.5%。一个典型的例子是，过去几年韩国三星公司在中国陆续关闭了装配手机、面板和计算机的工厂，但2020年反而在华新增投资54美元，转而投入存储芯片、MLCC（多层陶瓷电容器）和动力电池等高附加值生产项目。

总之，逆势之下，外资加速布局中国实属不易。当然，也要注意到2020年疫情全球大流行背景下，欧盟、美国、日本海外经济体FDI流入失速的一次性因素。预期未来伴随疫苗全球范围内接种加速、海外经济复苏，全球跨境投资活动有望逐步回暖，发达国家对外资的吸引力也会重新回到正常的轨道。但无论如何，中国经济基本面稳定、市场规模优势、产业链完备、高端制造业优势以及持续的对外开放政策，从长期来看，终将是吸引外商投资的基石。更何况截至2019年，中国FDI存量仅仅相当于国内GDP的12%，远低于美国和欧盟高达44%、67%的水平，增长空间潜力巨大。

展望未来，深化改革是提升潜力的关键。可以看到，疫后国内消费复苏缓慢，其背后不同收入群体差距扩大是重要拖累。后续消费市场壮大有赖于收入分配改革，各项经贸投资协议签署后，中国的配套改革进度将受到缔约方密切关注，在市场准入、国企补贴和知识产权保护问题等方面的改革仍需加速推进。更进一步，中国的数字经济潜力巨大，在发展国内数字经济的同时，还需加大国际协调，积极参与国际数字规制的制定。

# 内循环下房地产调控走向何方

2020年上半年,新冠肺炎疫情对中国经济冲击巨大,房地产行业再次发挥了稳定器作用,土拍、投资、销售的快速恢复对经济修复提供了重要支撑。上述背景下,如何看待监管部门可能进一步收紧房企融资端?内循环战略之下,未来房地产调控政策又要如何把握?

2020年7月30日,中共中央政治局会议再度强调"房住不炒"。不到一个月时间内,中央和有关部门两度召开房地产座谈会(7月24日、8月20日)。监管部门也采取措施控制房企有息负债,如要求银行收紧涉房贷款、设置"三道红线"和"85%借新还旧比例"限制房企发债规模等。

## 疫后房地产基本面恢复较好,为调控政策提供空间

2020年第二季度国内新冠肺炎疫情逐步消退,中国经济步入修复通道,GDP当季同比回升至3.2%;其中,房地产依旧作为主要

驱动力之一发挥了关键作用，2020年上半年房地产投资实现正增长，市场销售也回归正常水平，土地市场热度不减。近期总体向好的基本面状况，也为决策层和监管层继续实施房地产调控、防止金融脱实向虚、加大力度支持实体经济发展提供了政策空间。

**投资表现亮眼，土地购置费带动作用大**

2020年2月的低点之后，房地产投资累计同比迅速恢复，已于6月回正。2020年7月，房地产投资当月同比升至11.7%，在所有投资分项中表现最好，对整体投资和内需的恢复均起到较大作用。

其中，2020年第二季度货币政策极度宽松、贷款利率总体下行，使房企拿地热情相对较高，100个城市土地成交数据总体上行，土地购置费对近期房地产投资回升的带动作用明显更大，2020年1~7月累计同比增长达8.5%。但房地产仍处于恢复之中，1~7月房屋新开工面积累计增速为-4.5%。

**销售恢复正常，一线城市表现更加强势**

2020年第二季度以来，疫情期间压抑的购房需求开始释放，央行调降5年期LPR，压低房贷成本，进一步刺激了需求。至2020年7月，商品房销售已基本恢复正常，统计局数据显示当月销售面积同比增长16.6%。

分城市线级来看，房地产市场则呈现出一定结构分化特征，一线城市表现明显更加强势。数量方面，30个大中城市商品房成交面积数据显示，2020年截至6月，一、二、三线城市成交面积当月同比均已回正，但随后二、三线城市数据有所下滑，一线城市则继续加速上行。价格方面，70个大中城市二手住宅销售价格指数显示，一线城市在2020年保持加速上升态势，二、三线城市则增速明显放缓。全国普涨现象不再，未来分化将成常态。

### 融资持续收紧，监管剑指房地产挤占实体金融资源

2019年5月，为降温土拍市场，整治房企融资乱象，银保监会曾印发《关于开展"巩固治乱象成果促进合规建设"工作的通知》（下称"23号文"），其中涉及诸多规范银行和非银（信托）地产前端融资的内容。2020年引发监管部门关注的是部分实体贷款违规流向房地产领域，导致部分热点城市房价上涨较快。例如，2020年4月，深圳房市火爆，引发贷款投向担忧，央行深圳中心支行向辖区各商业银行下发通知，紧急自查房抵经营贷资金违规流入房地产市场情况；违规信贷作为首付进一步撬动按揭，2020年6~7月，全国新增居民中长期贷款史上首次连续两个月超6000亿元，深圳、宁波等热点城市房价上涨迅速。

上述背景下，2020年7月以来，房价涨幅较大的部分城市已陆续出台了更严格的限购政策，从需求侧进行调控；供给侧来看，2020年8月以来，房企融资"三道红线"、房地产贷款集中度"红线"、土地集中供应等监管规则陆续出台，房企融资监管环境持续收紧。

总体而言，近几年房企融资政策持续处于收紧状态，均是出于决策层对房地产过多占用实体金融资源问题的关注和担忧。2019年6月陆家嘴论坛上，中国银保监会主席郭树清曾表示，"一些房地产企业融资过度挤占了信贷资源"；2020年8月在《求是》

的刊文则再次强调了这一点。尤其在2020年疫情冲击之下，"六保"成为重中之重，监管层持续收紧房地产融资，真正的目的在于引导金融信贷资源更多流向实体领域，促进经济修复，纾困中小企业。

## 房企资金面紧平衡，现金流可持续性值得关注

融资持续收紧之下，应密切关注房企资金链状况。笔者对房企重点融资渠道的情况进行了观察，具体如下：

第一，房地产信贷增量空间不断收窄。数据显示房地产开发资金来源中，国内贷款、个人按揭贷款、定金和预收款增速在2020年第二季度均有较大回升，但总体水平仍不及2019年。金融监管部门引导金融机构向实体经济倾斜，房地产部门获得增量信贷资源的难度不断加大。官方披露的数据显示，2016年新增房地产贷款占全部新增贷款的比重高达45%，2019年第三季度降为33%左右，2020年1~5月已下降至25%。上述背景下，房地产贷款余额增速持续下行，2020年6月末为13.1%，不足2016年12月峰值水平的一半。

第二，非标融资持续压降，房企信托融资渠道受限。过去几年，房地产在所有信托投资领域中占有绝对优势，一定程度上挤占了其他领域的金融资源。根据用益信托网的统计数据，2018至2019年上半年集合信托中平均40%以上（按成立规模）投向为房地产，2019年6月一度超过44%；随着资管新规的实施以及23号文对房地产信托融资的限制，这一数字在2020年7月已降至25%左右。2020年1~7月，房地产集合信托发行规模同比下滑11%，压降

效果极为明显。与此同时，投向为工商企业的集合信托成立规模增速显著上行，2020年1~7月较2019年同期增长168%，疫情冲击之下，非标领域显著加大了对实体经济的支持力度。

第三，2020年房企发债好于2019年，但未来增量受限，海外债到期压力巨大。信托融资收缩与货币宽松之下，今年房企境内债务融资（信用债+企业债）明显好于去年，Wind统计口径显示2020年1~7月累计净融资额超过1800亿元，2019年同期则为450亿元；但在3、4月的放量发行之后，净融资额显著下降，基本以借新还旧为主；截至2020年8月24日，8月当月净融资额大幅负增238亿元，或与监管开始限制房企债务融资规模有关。海外债券依然是房企融资的重要来源，粗略统计，截至2020年8月24日房企美元债发行量为463.95亿美元，规模依然较高但已低于2019年同期569亿美元的峰值水平，应与2019年发改委限制房地产企业发行外债只能用于置换未来一年内到期的中长期境外债务有关。按照目前的发行数据统计未来到期规模，2020年和2021年分别高达352亿美元、515亿美元，显著高于以往年份，海外债务在房企债券融资中占比不低，到期压力的迅速攀升对房企资金链是一大考验。

第四，近几年房企贷款、债融、非标等融资渠道持续收窄，使得其现金流更多依赖销售回款，实际上处于一种紧平衡状态。统计局数据显示，2020年1~7月，以预付款、按揭款为主的其他资金占房企资金来源比重达到52%，且这一数字在2016年之后就保持在50%以上。在趋严的监管环境之下，房企资金链的持续性更加取决于其高周转模式的稳定性，这对广大中小房企是一大考验。此外，一旦未来房价过热导致监管再次收紧房贷政策，上述紧平衡状态可能被打破，进而引发信用风险。

## 内循环下的房地产调控方向研判

当前，实体经济与房地产发展结构性失衡的问题依旧存在，且相当长一段时间内，房地产仍将是国民经济的支柱性产业之一，发挥经济稳定器的作用。本次新冠肺炎疫情冲击之下，更体现了这一点。

2020年7月30日，中共中央政治局会议再度强调"房住不炒"，同时也提出"加快形成以国内大循环为主体、国内国际双循环相互促进的新发展格局"，未来的房地产调控思路，应在解决结构性矛盾、构建国内大循环的战略框架之下理解和把握。

第一，重视房地产对投资和消费的短期拉动作用，以房企复工复产，带动上下游产业链复工复产，配合消费券等手段，放大房地产相关居民消费，加快疫后的经济修复进程。第二，继续通过打击房地产融资乱象，降低对实体产业的挤出效应，确保有限的信贷金融资源能够流向实体领域，尤其是制造业和中小微企业。第三，采用合理措施控制房企负债规模，防范房地产业高杠杆风险，针对不同企业、地区，差异化施策，避免通过一刀切手段打破企业资金面紧平衡状态，进而引发监管风险。第四，继续坚持因城施策、一城一策的差异化调控思路，保障重点群体需求，加快推进"租购并举"的住房制度。第五，进一步落实房地产长效机制，加快户籍、土地、收入分配等制度改革，推动房产税适时落地，稳定房地产市场的中长期预期。

# 经济复苏的挑战与应对

2020年，中国的经济成绩单十分亮眼。中国GDP首次突破100万亿元大关，全年经济增速达到2.3%，是全球范围内唯一一个实现正增长的主要经济体，逆势向好十分不易。然而疫情之下，中国经济复苏态势是否稳固？在笔者看来，未来需要重点关注与应对如下四大挑战：

## 着力增强消费反弹的持续性

2020年，疫情之下，国内消费受到明显冲击，社会消费品零售总额在疫情最严重的1~2月一度下滑至-20.5%。伴随着2020年第二季度疫情防控得到阶段性好转，国内生产恢复，消费重启。2020年5月，社会消费品零售总额同比增速下降2.8%，较上期大幅回升4个百分点。其中，线上消费是疫情防控常态化背景下带动消费的重要增长极，1~5月实物网上零售额同比增速达到11.5%，占社会零售产品总额比重24.3%，较上年同期提高5.4个百分点。从京东消费大数据来看，受益于疫情常态化下国内商品供应链的持续修复，居民消费意愿有所提升，加之多地消费券与电商平台结合，电商企业共同让利支持"6·18"网上促销节，2020年下半年京东线上消费呈现明显反弹趋势。

在笔者看来，消费回暖意义显著。一方面，消费是拉动中国经济的最大引擎，2019年最终消费支出对GDP增长的贡献率为57.8%；另一方面，当前海外疫情蔓延，中国除了防疫用品、在线设备等与疫情相关的商品出口大增，其余主要商品出口明显回落。外需疲软前景下，内需更是成为支持中国经济增长的关键。

尽管中国消费已经出现反弹态势，但结合京东线上消费数据可以发现，当前消费反弹仍存在一些"不平衡"特征，低线级城市、部分中西部省份以及低收入群体受疫情冲击更为明显，当前消费恢复相对迟缓。下一步，通过出台政策扶持措施以稳住目前的消费回暖势头，同时加大对消费薄弱地区和低收入人群的定向支持，通过增加转移支付、金融定向支持以及发放现金券、消费券等多种方式，提高特定群体的可支配收入水平，是延续难能可贵的消费回升势头的关键。

## 积极缓解小微企业的运营压力

民营企业是我国社会经济的重要支撑力量，也是创造就业岗位的最重要渠道。近年来，民营企业提供了80%的城镇就业岗位，吸纳了70%以上的农村转移劳动力。然而，突如其来的疫情对民营企业造成了沉重打击。

## 第3章 把脉后疫情时代中国经济发展新特征

结合2020年一季报的2308家A股民营上市公司的财务报表数据分析发现，企业的经营情况和盈利水平显著恶化。以2020年第一季度财务报表来计算，样本企业报告期内总和营业收入同比增速约为-8.6%，而过去5年的复合增长率超过18%；盈利水平的恶化程度则更为明显，第一季度全部样本企业总和净利润同比大幅下滑28.7%。从行业看，休闲服务、交通运输、纺织服装、汽车等受到的冲击最为明显。

与此同时，盈利下滑也暴露了部分企业的偿债风险。2020年第一季度，伴随样本企业的盈利下滑，上市民营中小企业的利息保障倍数从2018年的5.18倍和2019年的5.11倍，骤降至2.88倍，企业的潜在违约风险明显抬升。其中，处于亏损状态导致利息保障倍数为负值的样本企业占比超过40%，利息保障倍数低于1倍的超过半数。从行业来看，休闲服务行业利息保障倍数为-1.63，超过77%的样本企业处于亏损状态，这部分企业的现金流压力极大；建筑装饰、交通运输、商业贸易分别为0.66倍、1.69倍和2.19倍。

因此，在当前稳就业成为经济工作重中之重的背景下，激发民营经济活力，发挥民营经济就业"稳定器"作用尤为重要。对此，应持续加强对民营中小企业的金融和财政支持力度，缓解企业经营和资金链压力。2020年6月17日，国务院常务会议提出要"推动金融系统全年向各类企业合理让利1.5万亿元"，就是支持金融直达实体经济、落实服务小微企业的重要举措。同时，更加注重货币、监管、财政政策的协调配合，前瞻性地做好银行资本、拨备和不良贷款处置的政策储备，加大财政对企业融资担保、金融风险处置等方面的投入，为银行不良率上升提供必要缓冲。

## 更加重视产业链断裂和转移风险

当前,我国疫情防控已进入"下半场",但海外疫情仍处于持续扩散蔓延的态势,需高度关注其对我国产业链供需两端的冲击。笔者对2019年8000余种海关进出口商品品类数据与国民经济行业分类下的制造业31个行业逐一匹配发现,涉及国内的各个产业中,电子信息产业的进口、出口敞口非常高;纺织服装鞋类制造业、设备制造业、电气机械和器材制造业等出口敞口较高,易受外需下降冲击;油气、黑色、有色、木材家具等的进口敞口较高,对国外上游产品的依赖较强;同时,一些高技术产品(如光刻机)则存在被"卡脖子"的风险。

除此以外,更加值得关注的是疫情冲击下产业链外迁风险加大。不可否认,新冠肺炎疫情之下,美国吸引制造业回流的呼声异常强烈,特别是对于芯片等高技术产品,美国一方面加大对中国的技术出口限制,一方面呼吁台积电在美建厂。

可以看到,在中美经贸摩擦、劳动力成本上升等因素的影响下,近年来中国产业链外迁速度加快,其中劳动密集型商品出口有相当一部分已向东盟诸国转移,墨西哥也挤占了中国更多高附加值商品的对美出口份额。

因此,对待外需、外迁冲击下的产业链转移风险,需要保持警惕。

## 稳妥应对中美经贸关系变化

疫情加剧了本已处于"非常态"的中美矛盾，亦打破了中美第一阶段经贸协议达成而创造的良好谈判氛围。

实际上，对待中美关系，笔者一直认为双方博弈是个长期过程，分歧在不同阶段有不同层次的体现，涉及经贸、技术、金融、经济制度、意识形态乃至大国博弈。相对而言，在经贸领域，中美争端源于价值链分工不同，尚有回旋余地，但一旦上升至其他摩擦，情况将更为复杂。美方在香港特别关税、中概股问责以及鼓励产业链回流等方面频频发力，意味着后疫情时代中美关系将迎来新的格局。

从适应新冠肺炎疫情和其揭示出来的、本就存在的国际矛盾以及中美关系新格局来看，中国最重要的还是要做好自身的事情，一方面注重国际统一战线，另一方面坚定地推动改革开放，以不变应万变。特别是做好新型城镇化建设、推动土地制度改革与财税体制改革、收入分配均等化、释放民营经济活力、推动教育和科技体制的改革等，以改革开放应对后疫情时代的全球政治经济新格局。

# 第 4 章

# 数字经济助力提升中国经济韧性

# 抓住数字经济发展机遇,释放数据生产力

## 数字化是经济转型升级的重要方向

### 从发展历史看,经济数字化是发展的必然趋势

数字科技带来数字经济发展。从历史来看,经济的跨越式发展伴随着产业革命,产业革命的实质是技术革命。产业革命最早开始于狩猎时代,从狩猎到农业,就是从打猎技术向耕种技术的跳跃式革命。200多年前,蒸汽机的发明代替了牛、马的动力,英国的工业革命开启工业化之路。在此之后,电力的出现带动了电气化革命。再之后是计算机革命,它不断地大幅提高人类的生产能力。而现在,我们迎来了最新的技术革命——数字科技的进化。人类社会与物理世界之外,多了一个维度——信息空间。

数字科技的本质,是以产业既有知识储备和数据为基础,以不断发展的前沿科技为动力,着力于"产业×科技"的无界融合,推动产业互联网化、数字化和智能化,最终实现降低产业成

本、提高用户体验、增加产业收入和升级产业模式。产业互联网化意味着未来产业的发展从单边走向共建，传统产业与数字科技依靠各自的资源禀赋和比较优势同生共荣。产业数字化意味着产业数据的在线化、标准化、结构化，从而实现生产要素和运营流程的改造。产业智能化意味着产业资源的合理布局、产业流程的精细管理，以及产业发展的精准预测等。

经济活动推动数据指数级积累。个人终端的普及和入网人群的增长，使个体数据得以伴随生活消费方式的变化在互联网上积累、留存；企业竞争的加剧和精细化管理的需求，使企业在经营管理策略转向的过程中，出现更多与数据有关的新业态；物联网、5G技术的广泛使用，使个人数据、企业数据之外的设备、终端和社会数据广泛爆发；政府数字化、信息开放等发展倾向，推动全社会对数据生产、存储和消费的需求提升。

**从政策趋势看，"新基建"部署加速数字经济发展**

"新基建"被决策层频频提及，其内容在2018年中央经济工作会议后便已明确，涉及的"5G基建、特高压、城际高速铁路和城际轨道交通、新能源汽车充电桩、大数据中心、人工智能、工业互联网"七大领域，近几年已逐步落地。2020年4月，发改委在发布会上明确了三类"新基建"的概念与范围。与传统基建相比，三类"新基建"呈现明显的数字化特征。除了公认的数字科技领域，传统交通、建筑、通信、医疗、教育、娱乐等领域的基础设施也在数字科技的赋能之下呈现网络化、数据化、智能化的特征。

基建的数字化有多方面的优势，主要体现在：第一，物理空间限制较小，可以跨区域、跨时段高效配置，对抗突发事件的弹性和韧性更强；第二，产业纵深更大，能提供的产品与服务的附加值更高；第三，数据要素发挥作用的效果更彻底，数字化的基础设施和传统基建的数字化可以撬动的传统经济体量更大。

新型基础设施是以新发展理念为引领，以技术创新为驱动，以信息网络为基础，面向高质量发展需要，提供数字转型、智能升级、融合创新等服务的基础设施体系。它包含了信息基础设施、融合基础设施以及创新基础设施，用以支撑科学研究、技术开发、产品研制等具有公益属性的活动。比如，重大科技基础设施、科教基础设施、产业技术创新基础设施等。从发改委的定义来看，科技创新驱动、数字化、信息网络这三个要素，是"新基建"的"最大公约数"。

**从增长动力看，数字经济是未来经济发展的新动力**

经过多年的发展与追赶，中国已经成为全球经济的领先者之一，尤其是在消费等领域。中国在很多领域的数字化程度已经追上发达经济体，甚至在移动支付等领域实现了弯道超车，这背后是中国坚实的数字经济基础。

第一，数量众多的网民人口。《中国互联网发展报告2020》显示，截至2019年年底，中国网民已达13.19亿，电子商务年交易规模为34.81万亿元，网络支付交易额足有249.88万亿元，中国数字经济规模稳居世界第二。

第二，充满长尾特色的商业基础。不论是日活过亿的各类电商、社交服务,还是人口集聚的大型城市所需要的本地生活服务、物流、出行,都体现出普惠、便利的长尾特色。

第三,海量的可供挖掘的各类数据。伴随着数字科技发展的,是各行各业海量数据的产生和沉淀。中国拥有规模最大的单一市场和数字科技用户,以及最丰富的行业形态和供应链,由此生产的量级巨大的数据沉淀在数字经济的各类"富矿"中,可供挖掘。IDC预测,中国的"数据圈"2018~2025年将以30%的年平均增长速度领先全球,比全球高出3%。到2025年,这一数字将增至48.6ZB,而美国预计将达到30.6ZB。

近年来,各项鼓励数字经济发展的政策不断出台。仅2020年上半年,国家相关部门针对数字科技发展,密集推出了《关于推进"上云用数赋智"行动 培育新经济发展实施方案》《关于推动5G加快发展的通知》《关于推动工业互联网加快发展的通知》《中小企业数字化赋能专项行动方案》《智能汽车创新发展战略》等新规政策。2020年4月,发改委还在发布会上首次明确了新型基础设施的范围。同年5月13日,国家发改委联合16个有关部门、国家数字经济创新发展试验区、媒体单位及互联网平台、行业龙头企业、金融机构、科研院所、行业协会等145家单位,通过线上方式共同启动"数字化转型伙伴行动(2020)",发布《数字化转型伙伴行动倡议》,首批推出500余项面向中小微企业的服务举措,构建"携手创新、共抗疫情、转型共赢"的数字化生态共同体。

在政策不断推进数字科技发展的过程中,产业界也在不断积极重金布局数字科技、"新基建"等领域,互联网公司和传统龙头企业都在各自领域探索数字化发展前沿。5G及其相关技术、区块链、人工智能等通用数字科技不断创新，通过数据要素作用于各行各业，不断提高生产力。数字科技、数据等数字化、高科技红利正在替代人口红利、市场红利，成为下一阶段经济发展的重要引擎和助力。

新冠肺炎疫情的暴发加速了新技术的运用，突出体现在强化社会公共安全保障、完善医疗救治体系、健全物资保障体系、助力社会生产有序恢复等各方面。这些数字经济应用场景的背后，是5G、大数据、人工智能、云计算等"新基建"和新技术。

## 数据是数字经济发展的核心

### 数字经济的运作机制

党的十九届四中全会通过的决定提出，数据与劳动、资本、土地、知识、技术等一样，都是重要的生产要素，对生产关系的迭代升级有着重要的推动作用，也为数字经济的发展奠定了基础。

数据资源成为生产要素，并不是生产要素在种类或者数量上的增加，而是体现在数据要素与土地、资本、人力等要素的互动。例如，数据收集、分析、存储的全生命周期，都离不开个人或者机构的劳动。而数据要素的流转、交易、确权，又受到商业、技术等基础设施的影响，同时还受到主体数字化意识、知识和能力的制约。

未来社会，无论是在生产上还是生活上，都会更加数字化。

数据将会大规模地应用于生产、分配、交换、消费各环节，以及制造与服务等各场景。例如，助贷业务就是数据作为生产要素，在金融领域大范围使用和金融服务数字化转型的产物及体现。

数字科技由两部分组成——核心科技和应用科技。

热点核心层数字科技包括人工智能、大数据、物联网、云计算、5G等数字化、网络化和智能化技术。一方面，以融合发展为特征的集成化创新渐成主流。在众多单项技术持续取得突破的同时，信息技术创新的集成化特征更趋突出，跨领域创新密集涌现。另一方面，以学科交叉为特征的跨领域创新日益凸显。数字科技与制造、材料、能源、生物等技术的交叉渗透日益深化，形成智能制造、4D打印、能源互联网、生物识别等复合型科技。

而应用科技集成人工智能、物联网、大数据、区块链等核心技术，根据不同应用场景需求，形成行业应用"工具箱"，孕育新产品、新业态，探索新模式、新路径。应用科技正加速向模块化发展，解决行业共性问题，并基于行业洞察形成解决方案。这种数字科技与行业的融合深化，拓展了应用科技的赋能场景，技术在各行业间的可复制性大大增强，通用化程度不断上升。数字科技的发展、集成与通用的趋势，使数字技术成为数字经济强大的生产工具。

科技平台通过改变企业的设计、生产、管理和服务方式，推动数据、劳动、技术、资本、市场等全要素的全面互联和资源配置优化，促进供应链、创新链、服务链、物流链、金融链等全产业链上下游的高度协同，生产、流通和消费一体化更加广泛，新的经济模式不断涌现。基于平台，数据资产持续积累，技术架构平滑演进，业务经验不断沉淀，发展模式逐步优化，支撑企业数字化转型步伐加快。

而平台尤其是开放平台，是数字经济环境下促进交易、建立网络以及进行信息交换的重要载体，通过它，人们得以实现对"人、货、场"的改造。首先，开放平台作为B2B2C网络的基础设施，改造的是网络中的"人"。以其承接的第三方服务商、B端客户、C端用户的需求为导向，提供服务；同时，这些合作伙伴相互之间也促进迭代，B2B2C网络产业链的参与者相互嵌套，互为供给方和需求方。其次，开放平台改变的是"货"的属性，即开放平台为"货物"提供了基础且丰富的数字化"生产工具"（产品和技术组件）供B2B2C网络中各方使用，可以针对客户需求，提供更加标准化、组件化、多元化的产品和服务。此外，"场"成为开放平台的全新定位。开放平台是枢纽，满足客户需求的同时也在与其共建生态；开放平台使线上线下的界限不再明显，O2O的场景模式被颠覆。

**数据的作用模式**

数据作为重要的生产要素，深刻地影响甚至改变着现有商业模式——数据可以优化传统要素资源的配置效率，甚至可以替代传统要素资源的投入关系，改变生产函数。例如在金融业过往实践中，很多金融机构受困于自身服务渠道的有限性，优质的信贷资源难以精准投向产业升级、消费升级的重点领域，也无法高效、低成本地开展普惠金融业务，既不利于在更广阔的市场空间内延伸服务、拓展客源，也不利于把控资金流向和资产质量，最终影响反哺实体产业和居民生活的有效性。

在这种情况下，数据化可以实现金融业务供应链流程与金融服务之间的供需匹配，既可以将相对封闭、低频的金融产品和服务通过技术手段"无缝嫁接"到更加开放、高频的生产生活场景，又可以使拥有一定门槛和准入条件的金融产品惠及更多的消费者和需求者群体。

数据天然具有精益化的发展倾向。数据无法单独形成生产力进而改造行业，在人工智能运用中，有一个经典的公式：人工智能=数据+算法+算力。数据创造价值的路径就变得尤为清晰——数据算法与算力决定的数据使用方式，解决了复杂系统的不确定性，从而推动行业供需更好适配，提升行业发展的精细化水平。

数据提升行业发展精细化水平的过程，也是数据被不断精细挖掘的过程。

IT时代是数据的一维时代，数据是"经济活动的记录"。限于收集存储、分析计算的技术瓶颈，大量的数据无法电子化或者仅仅以结构化的形式存储在电子数据库中，人们并没有基于不同场景、行业的数据进行商业创新，对数据价值的认识也不够深刻。

互联网时代是数据的二维时代，指的是数据从单纯的"经济活动的记录"变得更加"商业工具化"，商业活动普遍开始利用数据进行经济分析和预测。在这个阶段，原始数据开始在线上积累，线下数据开始向线上迁移，基于数据本身的商业创新开始出现，一大批的数据分析公司涌现。数据价值被首次挖掘，金融科技、电商平台、社交网络等行业纷纷通过技术手段，使手中数据的价值最大化。

物联网时代是数据的三维时代。数据在"经济活动的记录"和"商业工具化"的基础上,不断"资产化"。数据成为经济本身,人工智能、大数据技术、5G技术使数据的收集、存储、分析、共享变得丰富,数据开始改变传统的业务逻辑,替代了传统思路,以数据为生产要素进行的商业创新更多,同时也更加规范。在这个阶段,"万物互联"就是"数据互联",所有的生产活动都可以"数据化",所有的价值都可以用数据来表征。数字化正在以不同的方式改造价值链,并为增值和更广泛的结构变革开辟新的渠道。

通过整合各类终端的数据、消费者和生产者的供需数据等,原有的产业链被迅速缩短,生产制造、生活服务等行业的协同、个性和柔性化水平显著增强。不同行业之间的传统知识壁垒和经验壁垒被不断攻破。

在数据积累的过程中,数字化的基础设施应运而生,提供行业数字化发展所需要的组件化技术设施,如支付、结算等,这些基础设施与行业客户一同构建行业数字化解决方案。数据成为业务和服务拓展的"牛鼻子"——通过数据量的积累、数据分析能力的提升、数字化业务能力的复用,不断拓展服务的客户类型和数量,实现不同业务的联动拓展和服务行业的外迁扩大,释放"飞轮效应"。

## 数据赋能面临的制约因素

**数据保护的法规制度不健全**

近年来,《全国人民代表大会常务委员会关于加强网络信息保护的决定》《民法典》《网络安全法》等共同构成了数据保护的基本法律规范。《数据安全法》《个人信息保护法》等多部与数据安全、隐私保护相关的基础立法,即将紧锣密鼓地出台。

和其他领域的政策规范有所不同,由于目前作为上位法的数据规范体系仍然不健全,各类数据安全与合理使用的技术标准成为行业事实上的行动准则。例如2020年修订的国家推荐性标准《信息安全技术个人信息安全规范》,成为我国个人信息使用实践的标准。该《规范》确定了个人信息安全的基本原则,主要包括权责一致、目的明确、选择同意、最小必要、公开透明、确保安全、主体参与。但是这些标准文本对行业实践的概括有时缺乏严密的逻辑,在适用时缺乏明确的效力。例如,同样是针对个人金融信息的规范性文件,《个人金融信息保护技术规范》《金融消费者权益保护实施办法》《个人金融信息(数据)保护试行办法》《个人信用信息基础数据库管理暂行办法》中有关个人信用信息的范围就存在出入。

**政府数据对外开放程度不够**

实践中,我国政府数据的使用效能很低,政府部门的数据开放和共享缺乏一定指引,怎么开放,在哪里开放,开放标准和流程是什么样的,目前还不明确。现在政府各部门数据类型较多,包括结构化数据、半结构化数据和非结构化数据等,而且文字性的非格式化数据也很多,在一定程度上更加剧了数据统一的难度。而在技术方面,政府部门传统的办公系统相对封闭,搭建政府数据开放平台需要大量的技术和资金支持,给政府部门增加了不少成本。不少地方政府部门缺乏相应的技术人才,缺乏开放和共享政府数据的能力。

与此同时,政府数据开放缺乏法律来明确属性、划分范围和兜底保障,数据开放中缺乏明确指引。很多机构害怕触碰底线,不知道什么该开放,什么不该开放。2019年国务院发布的《政府信息公开条例》第八条规定了"三安全一稳定":行政机关公开政府信息,不得危及国家安全、公共安全、经济安全和社会稳定。但在实践中,国家秘密、商业秘密、个人信息的范围存在交叉和模糊地带,政府部门担心出事要担责,所以"不敢"公开。

**社会数据的使用价值较低**

社会数据指的是社会生活所形成的具有公共性质的数据,例如农业、工业、交通、教育、安防、城市管理、公共资源交易等行业的数据,分布在各个社会管理部门。这些社会数据量大面广,但因为以下三点导致价值难以实现:第一,分散性,它们往往散落在不同行业的不同主体;第二,难得性,数据量庞大,但是缺乏合适的收集、记录手段;第三,沉淀性,以原始数据的方式存在,基本没有被分析使用过。

**个人数据的收集使用不规范**

根据中国消费者协会等机构的调查评估,个人数据使用与隐私保护存在不规范的现象。一是个人信息收集使用规则效果不佳,二是强制、频繁、过度索取成为普遍现象,三是私自收集频发、超范围收集问题突出,四是数据共享行为不规范、缺乏约束措施,五是无开启或关闭个性化服务选项,六是设置不合理障碍、账号注销难。

2020年7月初,《数据安全法》草案发布,标志着我国数据安全保护规范起步,但是个人数据的保护机制仍不健全。中国信息通信研究院、普华永道、平安金融安全研究院联合发布的《2018~2019年度金融科技安全分析报告》指出,2019年全年,近100家被调研的金融科技企业均表示发生过不同类型的网络安全事件,其中造成"客户资料泄露"的约为22%。中国信息通信研究院发布的《2019金融行业移动App安全观测报告》显示,样本中有70.22%的金融行业App存在高危漏洞,其中排名前三的高危漏洞均存在导致App数据泄露的风险。此外,个人信息数据泄露等安全事件直接成为"网络黑灰产"的重要源头。

个人数据保护涉及面广,参与的市场监管主体众多,职能划分有待进一步厘清。具体来看,中央网信办、工信部、公安部和市场监管总局都对个人信息保护负有职权,其各自下属的机构又相互间错综复杂地参与各类个人信息保护标准制定、监督评测、自律监管等活动。除了中央网信办、工信部、公安部、市场监管总局等机构负责管理数据安全和保护,全国信息安全标准化技术委员会、中国消费者协会、中国互联网协会、中国网络空间安全协会等诸多主体也担负数据行业不同的监管职能。此外,一行两会金融监管机构、国家邮政局等各类行业监管机构和组织还负担着本行业的数据监管职能,在各自权限范围内出台部门规章。司法机关负责处理进入司法程序的个人信息保护案件。这些部门的规范性文件对个人数据收集、使用、保存等数据活动的规则、主观目的、客观行为、违法情形进行了界定与管理,但是其权责关系大多存在重合。如何通过立法立规以及行业监管所形成的实践来避免"政出多门"导致的监管不协调,是一个需要重点考量的问题。

## 释放数据生产力的政策建议

### 制定国家数据战略,明确国家数据竞争力发展纲要

2020年4月,中共中央、国务院通过《关于构建更加完善的要素市场化配置体制机制的意见》,其中关于数据要素市场化配置的意见和要求,成为将来我国数据行业发展和国家战略的基本思路。下一步,可在该《意见》的基础上全面细化数据战略应当包含的内容——战略目标、实施路径、效果评价等。

作为国家数据行业发展的顶层设计文件,从横向看,国家数据战略应当立足高远,既要考虑国内数据行业发展的现状与未来,又要考虑国际竞争中,"数据圈"作为国家核心竞争力应当如何体现。从纵向看,还应当注重与区块链、人工智能等数字科技发展规划与战略的关系与互动。

一个可资借鉴的例子是,2020年2月,欧盟发布《塑造欧洲的

数字未来》《人工智能白皮书》《欧洲数据战略》等战略规划和研究报告，明确以"技术主权"为发展主线，加大对下一代技术和基础设施及数字能力的投资，强化处理个人数据，构建用于数据处理的下一代基础设施的标准制定、工具开发和最佳实践。

**加快数据确权定价，加强个人隐私保护**

数据确权和定价是数据合理使用的基础。数据产权应当分类别确定，个人数据的产权界定不能一刀切，应当根据不同行业、场景的特点灵活设定；信息主体和信息控制者之间可以通过合同来约束数据的使用方式、数据收益的分配方式以及与数据相关的责任承担方式。社会数据的产权应当是属于全社会的，社会数据是公共产品、公共资源。政府数据的产权与社会数据相似，产权归属于政府，属于公共资源。企业数据的产权在尊重和不侵犯前三类产权的基础上，通过自身劳动所获取、加工、使用的数据应当归属于企业本身。数据定价可以参考大数据交易的实践，从成本、收益、效用、用户等属性确定数据价值的构成，通过市场主体的竞争活动确定数据要素的定价规则和定价标准。

隐私保护是数据合理使用的后盾。在涉及数据业务时，任何行业都无法避免对数据进行获取、加工、处理、存储、销毁，数据主体个人隐私的侵犯是数据要素可能具有的负外部性之一。《关于构建更加完善的要素市场化配置体制机制的意见》就要求，一方面，提高数据质量，丰富数据产品；另一方面，制定包括隐私保护在内的与数据保护相关的规范制度。应当进一步明确隐私保护的规范要求、实现手段和惩罚机制，以实现个人隐私保护和数据要素流动的平衡。

**加大数据开放共享，规范数据收集使用**

打破政府数据开放难题，需要以责任清单带动激励相容。

第一步，建立"数据责任清单"。通过向政府部门施压，推动数据的开放和共享，带动政府部门主动公开的方式是现阶段最行之有效的，"责任清单"需要详细明确要开放共享的数据类型、以什么样的方式进行开放共享、向什么主体进行开放共享等问题。

第二步，建立激励相容的政府数据开放制度。政府数据的开放共享涉及诸多政府部门主体、社会主体以及企业和个人主体。激励相容的开放制度，最重要的就是打破政府部门内部的复杂关系。在形式上，表现为数据开放的"一站式"平台，一方面将政府内部事务统一到一个出口对外展示；另一方面，将"一站式"作为政府的统一服务理念，贯穿在政府数据开放过程中。

要提升社会数据的价值，应当构建促进全社会收集、使用、共享社会数据的体系。

第一，积极开展商业创新，"培育数字经济新产业、新业态和新模式"，挖掘社会数据的商业价值；第二，努力创造使用社会数据的社会生活场景，拓宽社会数据的存在范围；第三，通过行业自治的方式形成行业标准，降低社会数据收集、使用的兼容成本；第四，鼓励专业机构运用自身数字能力打造底层数据基础设施，促进社会数据变现。

个人数据的互联互通与政务数据和社会数据不同，更应当依靠市场化交易的方式加以实现。大数据交易市场是为海量、高频的数据提供流转、价值发现和价值交换的场所，是数据价值与红利的释放手段和释放过程。买卖双方对原始的或处理后的数据及数据服务进行互通有无，大数据交易有利于挖掘数据资源的潜在价值，发挥数据与土地、能源同等重要的要素作用，推动数据流引领物质流、资金流、人才流、技术流，有利于推进产业数字化转型、推动产业转型升级。在此过程中，数据所有者可以获得个人数据的价值变现，数据加工者和控制者可以获得个人数据的价值附加。

**加快推进"新基建"，更好释放数据生产力**

第一，加快投资"新基建"，降低数据合理使用成本。应当明确和数据相关的"新基建"范围，并出台重点项目清单，鼓励和重视科技企业及民营企业的数字化力量。

第二，推进数字化产业和产业数字化的共同发展。应当推动传统产业的线上化、数据化、智能化，实现数据要素和其他要素的融合协同。

第三，强化数据应用，鼓励数据与技术场景更好融合。打通技术场景和业务场景，注重客户需求，利用全息画像、智能推荐等算法模型，积极发挥数字科技企业在5G、云计算、智慧城市等方面的应用，加快区块链、人工智能、边缘计算、量子技术等创新技术研发与实际场景和产业实践的融合。发挥数字科技企业在供应链、贸易链和产业链的基础推进作用。

# 第 4 章　数字经济助力提升中国经济韧性

# 以"双循环"应对"大变局"

从"国际大循环"到"以国内大循环为主体、国内国际双循环相互促进的新发展格局",体现了我国面对百年未有之大变局的积极战略选择与调整。

2020年7月30日,中共中央政治局会议提出,"加快形成以国内大循环为主体、国内国际双循环相互促进的新发展格局"。在笔者看来,双循环的提出,既是对短期疫情冲击下国内外经济政治环境新情况、新问题的应对,更是面对世界百年未有之大变局,从长远出发,实现我国经济高质量发展的内在要求。展望未来,立足大循环,促进双循环,直面国内经济的结构性失衡,释放内需潜力,对于我国实现跨越式发展、实现创新驱动下的经济增长而言,至关重要。

## 促进国内大循环是应对世界大变局的必然举措

2020年在新冠肺炎疫情的冲击下,世界经济陷入深度衰退,中美分歧与博弈加剧，全球供应链、产业链遭遇明显冲击。而早在2018年，习近平主席便多次提及，世界面临百年未有之大变局。美国单边主义和保护主义的兴起，给多年来形成的国际规则和世界秩序带来了严峻挑战，深刻影响着大国关系。此时形成国内大循环、构建双循环，是适应外部环境新变化、新局势的重要战略部署和要求。从产业链层面来看，在过去几十年全球化浪潮的推动下，国际分工与合作不断得到加强。在此过程中，我国形成了相对齐全的工业生产体系和相对完整独立的产业链条，并深度融入了全球价值链——占全球制造业附加值的近30%，占全球进出口份额的23%。然而，随着疫情催生产业链回流、中美贸易摩擦持续以及全球成本竞争优势发生转移，国际大循环面临前所未有的变动。

这主要体现在以下三个方面：一是新冠肺炎疫情下，多国反思缺乏基础医疗设施自主生产能力、过度依赖其他国家的困境，借此加大了吸引制造业回流的力度，这可能导致涉及民众医疗卫生、国家安全等基础产业的全球产业链重构。二是中美贸易摩擦削弱了我国商品在美国的竞争力。2016~2019年，我国出口到美国的前15类商品中，14类占美国进口市场的份额在减少，其中不仅包括劳动密集型商品，高附加值商品的出口也有了来自美国近邻墨西哥的竞争。三是东盟凭借劳动力、资源等方面的低成本优势，在全球贸易活动中的重要性持续上升，一定程度上压缩了我国劳动密集型产品在全球的占有率。更加深刻的变革来自中美关系新格局。中美交锋正在贸易、金融、科技、军事、意识形态等诸多领域展开，且博弈不断升级。

在政治方面，2020年7月14日，时任美国总统特朗普签署所谓的《香港自治法案》，以我国通过《中华人民共和国香港特别行政区维护国家安全法》破坏香港自治为由，授权行政当局针对我国相关人士及金融机构，实施包括禁止财产交易在内的制裁措施，首批制裁清单包括香港特首林郑月娥、中联办主任骆惠宁等11位香港及内地驻港高级别官员。

在技术领域，白宫展开以去中国化为目标的"净网行动"，对TikTok和Wechat实施禁令，禁止美国投资者对中国军方拥有或控制的企业进行投资，将多家中国超级计算机实体列入"实体清单"等。美国针对我国科技公司的"组合拳"接二连三，不仅针对"硬科技"，还加大对"软科技"企业出手的力度，加速与我国在科技领域脱钩。如果科技脱钩的趋势无法改变，影响更加深远的新型数字铁幕将不可避免地落下。

在金融领域，美国就中资企业海外融资加大限制。如中美会计准则和审计合作之争加剧，时任美国财政部部长姆努钦表示，中国和其他国家不符合会计准则的公司，到2021年年底须从美国退市；而美国之前通过的《外国公司问责法案》亦对我国赴美上市企业提出苛刻要求。除此以外，美国还可能会加大对部分中资金融企业的制裁。

## 促进国内大循环是实现我国经济高质量发展的内在要求

疫情冲击下，我国经济表现出了较强的韧性。2020年第三季度，我国GDP增速重新回升至3.2%，在全球范围内首先走出了疫情阴霾。尽管迎来疫情后的经济快速反弹，但当前我国经济仍面临四大结构性失衡，给经济反弹的可持续发展带来了挑战。

第一，生产端的恢复快于需求端。当前工业生产恢复较快，2020年7月规模以上工业增加值4.8%的增速就已接近疫情之前；但需求端的恢复要相对缓慢，2020年7月社会消费品零售总额同比增速为-1.1%，仍旧处于负增长区间。

第二，工业恢复快于服务业。2020年第二季度，第二产业GDP增速大幅反弹14.3个百分点，至4.7%；而第三产业仅回升7.1个百分点，至1.9%。部分服务业（如住宿餐饮、租赁与商务服务业）还处在深度负区间。

第三，大型企业恢复快于中小企业。2020年7月，限额以下企业社会消费品零售总额增速为-3.7%，连续5个月低于限额以上企业，且差距进一步拉大；制造业PMI也显示，小型企业景气度趋于回落，与大型企业表现显著分化。

第四，实体与金融不平衡，实体经济下滑、金融体系扩张。疫情之下，金融体系对实体经济支持力度加大，资金流入股市现象显著；但在实体回报率仍然低迷的情况下，流动性存在"脱实向虚"的倾向。

此外，在过去30多年的经济高增长中，供需失衡、区域失衡、行业失衡、企业失衡的矛盾有所加剧，成为困扰我国经济转型升级的难点。例如，实体经济结构方面，我国长期面临产能过剩局面，但供给难以满足需求，不少高品质商品还需依靠外部渠道才能获得满足；区域层面，东部沿海城市发展较快，中西部地区发展相对滞后；行业层面，金融业和房地产扩张与实体经济回报率下降形成反差;企业层面,民营经济发展常常面临着"玻璃门、弹簧门、旋转门"[1]等障碍,生存空间弱于国有企业。

因此,优化经济结构,持续释放内需潜力,缓解结构性失衡,立足大循环,促进双循环,是实现我国经济高质量发展的必然要求。

## 立足大循环,实现双循环的政策着力点

内外部经济形势的深刻变革以及我国经济面对的长短期挑战与压力,使得我国决策层做出了"加快形成以国内大循环为主体、国内国际双循环相互促进的新发展格局"的最新部署。而这也可能成为贯穿我国未来5~10年发展的战略纲领,成为"十四五"规划的指导方针。为了促进双循环,如下五大政策发力点值得特别关注:

第一,"双循环"并非闭关锁国,应保持积极开放态势。我国巨大的市场规模、完整的工业体系和完备的基础设施,在全球范围内独具吸引力。在产业链转移风险加大的背景下,我国仍应通过加大开放措施、加速海南自贸港建设等,吸引外资流入。与此同时,也要做好外部经济衰退背景下的政策应对,包括鼓励出口转内销,在电子、医疗、高端制造等关键行业提供政策优惠,

---

1. "玻璃门、弹簧门、旋转门":"玻璃门"指新政策、新规定、新办法都有了,民营企业看得见却进不去,兑现难,落实难;"弹簧门"指民营企业刚刚涉足某一行业领域,却又被一些市场准入和进入门槛等"硬性政策"弹出的现象;"旋转门"指表面上对各种体制的企业一视同仁,可是设定了某些条款,又把民间投资推出来挡在了门外。——编者注

大力推动进口替代；以多边主义稳定贸易投资，加快中日韩自贸区和中欧双边投资协定等经贸框架的谈判；在保证产业链不过快流出的情况下，积极发展与东南亚等经济体的经贸关系；助力外贸企业寻找替代出口市场。

第二，培育高质量的国产服务供给，扩大国内最终消费。短期内，应通过出台扶持政策措施稳住目前消费回暖的势头，加大对消费薄弱地区和低收入人群的定向支持。如可通过增加转移支付、金融定向支持以及发放消费券、现金券等方式，提高特定群体的可支配收入水平，延续国内消费难能可贵的回升态势，进而推动服务消费尽快回到正轨。从长期看，我国经济具有巨大的市场潜力，其零售市场将取代美国成为全球第一大零售市场。未来，应将要素市场化改革作为主要抓手，以推进新型城镇化为主要方向，进一步释放市场活力。

第三，提高科技供应链的韧性。短期而言，应对美国对中方的技术封锁，应当筛查海外供应链，特别是具有战略安全意义的海外供应链，查明上游设备、零部件、软件等受美国管控的部分，对其中不能自产的，要提前准备非美国的替代品。长期而言，根本的解决途径仍然是加强基础研究，提高政策层面对基础研究的支持力度。此外，在创新科技领域，我国应该积极参与国际数字经济贸易和服务规则的制定，把数据安全、技术安全、金融安全问题留在经贸框架内，主动打造国际贸易的前沿阵地。

第四，建立更加协调的区域经济体系。鼓励通过新型城镇化建设释放经济增长新动能，推进西部大开发、东北老工业基地振兴、中部崛起、长江经济带开发、京津冀协同发展等地区协调平衡战略，缩小区域经济之间的差距；同时，降低沿海外贸企业的成本与转移压力，尽可能鼓励和引导有条件的企业留在国内，与中西部地区形成梯队承接，避免大量对外投资对国内制造业形成抑制，促进区域的均衡发展。

第五，全面深化改革，激发实体经济活力。要推进传统行业数字化转型，推动创新生产要素供给；释放民营经济活力，推动教育和科技体制的改革；深化多层次资本市场改革，优化资源配置，增强金融服务实体经济的能力；加快新型城镇化建设，推进农村土地市场化改革，释放要素市场化改革红利。

## 疫情推动中国新一轮产业数字化变革

新冠肺炎疫情快速席卷全球，在对中国经济增长和社会治理带来短期冲击的同时，也为各产业和全社会加速数字化转型制造特殊契机，为市场生态长期变革埋下深刻伏笔。

疫情防控关键时期，新兴数字科技手段在强化社会公共安全保障、完善医疗救治体系、健全物资保障体系、助力社会生产有序恢复等各领域的巨大应用价值凸显，引发各界对数字科技与实体产业、居民生活融合发展前景的广泛关注及持续热议。

疫情发生后，传统零售、餐饮、酒店、娱乐、交通、旅游、教育等线下场景几乎全面停滞，而部分线上需求"爆发式增长"，线下服务线上化、数字化、智能化进程加速推进。"抗疫"期间，非接触式交易和服务新业态异军突起，大数据、人工智能、物联网、区块链等前沿科技应用在医疗诊断、远程配送、便民服务等领域多点开花，成为"科技战疫"和稳增长、保民生的关键支撑。无人零售、数字营销、智能城市等新兴业态蓬勃涌现，为后疫情时代中国经济破茧重生、求新谋变创造了积极条件。

## 疫情倒逼新技术加速落地

数字科技已成为推动社会经济发展的新动力。未来几年将是我国5G、物联网、工业互联网等技术大规模部署的关键时期，在市场驱动与政策支持的双重利好下，数字科技不仅将成为"抗疫神器"，还将持续快速发展，为中国经济转型升级、国家现代化治理能力的全面提升创造新优势、打造新动能。

"抗疫"为中国企业技术发展带来机遇。2020年2月，习近平总书记在主持召开中央全面深化改革委员会第十二次会议时强调，要鼓励运用大数据、人工智能、云计算等数字技术，在疫情监测分析、病毒溯源、防控救治、资源调配等方面更好地发挥支撑作用。工信部办公厅下发《关于运用新一代信息技术支撑服务疫情防控和复工复产工作的通知》，进一步强调充分运用数字技术，支撑服务疫情防控和复工复产工作。可以预期，数字科技将在疫情监测、诊断治疗、资源调配各节点进一步发挥其独特优势，并为中国企业的技术发展与创新应用提供更多机遇。

数字科技在抗击疫情中发挥了积极作用。在科技水平飞速发展的今天，无人机、智能机器人等越来越多的"黑科技"正在加入"抗疫"大军，不断注入硬核力量。其中，大数据分析支撑服务疫情态势研判、疫情防控部署以及对流动人员的疫情监测、精准施策；5G应用加快落地，5G+红外测温、5G+送货机器人、5G+清洁机器人等已活跃在疫情防控的各个场景；人工智能技术帮助医疗机构提高诊疗水平和效果，降低病毒传播风险；区块链促动公益慈善更加透明，凭借信息公开、不可篡改等特性可以确保慈善组织的财务数据真实，有利于化解因信息披露不足而导致的信任问题和矛盾纠纷，保证疫情防控和社会运行安定有序。

## 疫情刺激新业态创新发展

此次疫情暴露出部分行业和企业过度依赖线下服务模式的局限性、敏感性和脆弱性，激励更多市场主体塑造线上化、数字化服务能力。疫情在一定时期内的持续发展，深刻改变了存量经济业态，使在线娱乐、在线教育、在线办公、远程医疗、生鲜电商等新模式不断涌现和快速腾跃。在疫情逐步解除和社会生产恢复正常后，教育、医疗、企业办公等庞大的在线化市场需求持续激活，有望诞生"超级应用"，并为相关领域的数字科技创新带来新机会。

在消费行业，社区零售和无接触零售迎来风口。"民以食为天"，在线下商超、餐饮面临停业或超低客流的同时，社区零售、生鲜电商却呈现高增长的可喜局面，线上线下相结合的社区零售迎来替代大型商超与中小电商的行业风口。与此同时，为响应无接触的零售理念，无人货架、无人超市、智能取餐柜、智能快递柜等无人零售模式再次火爆；直播电商为传统行业营销模式转型、"去库存"销售等带来转机。

在金融科技行业，智能化服务需求激增。受疫情影响，不少金融机构的传统营销和服务渠道失速、失能，金融机构对线上获客、数字营销、智能风控、智能客服等线上化、智能化服务需求喷发。科技公司助力传统金融机构数字化转型将大幅度提速，通过将数字营销、智能风控等能力及多样化业务场景整合输出，为金融机构打造技术中台、数据中台、业务中台、移动中台、开放平台等核心能力提供定制化解决方案。

在消费金融行业，线上场景业务集中出现。在疫情影响下，部分消费金融机构面临较大生存压力，贷款需求减少，资产质量下滑，原有的线下实体消费、服务类消费等优势场景短期面临较大挑战。部分消费金融公司尝试线上化运作，推动线下场景线上化迁移，生鲜电商、在线教育、线上医疗等优质线上场景集中出现。部分生鲜电商也在通过跨界消费金融实现业务突围，通过深度运营疫情期间积累的用户资源，获取流量红利，布局新的业务板块和机会。

在支付行业，无接触支付需求激增。疫情影响下，线下支付急剧下滑，线上交易上升，"线下需求通过线上来满足"成为行业趋势。无接触支付成为防止新冠肺炎病毒附着在服务体上进行人际传播的重要"刚需"，自助收银设备还能有效缓解超市排队压力，减少人员聚集。伴随复工潮到来，线下场景对无接触支付的需求也迎来新的高潮。

在智能城市领域，交通、医疗、政务三位一体化发展。智能城市在处理突发事件中的作用不可或缺，此次疫情尤其反映了交通、医疗、政务三位一体式建立城市应急指挥调度系统的重要性和急迫性。从中长期看，数字孪生城市将有效提升城市各部门科学决策、协同控制的能力，让城市更好地应对突发性事件。智能城市的建设需要有硬核的技术来武装,更需要在明晰的顶层设计框架下实现多方数据融合,最终实现政府、企业、市民各主体有效协同。在当前的智能城市建设中,线下业务线上化已非常成熟,但城市治理距离系统化、智能化的目标仍有很大差距,数字科技应用转化还在路上。

在营销行业,线下营销全面线上化。疫情之下,传统线下营销弱点充分暴露,面向线上服务行业的低成本、高效率、大影响力的社群营销、直播营销、内容营销、公益营销等数字化营销模式再迎新机会。在线下营销全面转向线上的过程中,流量争夺将更加激烈,云购物、网上逛街成为消费的主要方式,直播带货走热市场,全行业线上化步伐陡然加快。

## 互联网企业"抗疫"显硬核力量

应当看到,新冠肺炎疫情客观上刺激了新市场、新业态的创新发展,为中国经济中长期增长注入了新的动力源泉。其中,互联网科技企业利用新一代信息技术与实体经济深度融合,既能有效减少人员聚集、交叉感染,利于当期疫情防控,也能满足政府物资调配、政务服务和教育保障等方面的需求,将在有效聚合、科学配置各类资源和提升运行效率层面释放更大空间。

第一,互联网企业利用大数据整合资源,打通数据孤岛。在抗击疫情过程中,具备快速高效、灵活便捷等优势的头部互联网机构火力全开,承担着基础设施硬件功能,通过提供各类信息服务、产品服务协调各类资源,提供大数据、算法支持等,用互联网的方式和手段发挥着支援前线、后勤保障、服务民生等重要作用。与此同时，还通过大数据挖掘打通数据孤岛，为公众提供针对疫情的决策参考，加强权威疫情信息发布和科学防疫知识普及。生鲜电商、外卖、快递平台坚持运营，有力保障了医护人员及普通民众的日常生活需求。

第二，互联网企业提供线上医疗服务，缓解了医护压力。疫情带来了对线上诊疗咨询的大量需求，互联网医疗可以快速增加医疗资源供给，有效分级诊疗，避免交叉感染，减少患者家庭及社会的恐慌情绪。在各大互联网巨头的助力下，民众对以线上诊疗、处方流转和保险支付为核心的互联网医疗的认知程度和认可度大大提升。以京东健康在线问诊平台为例，疫情期间，其日均接诊超过10万人次，帮助大量普通用户安全便捷地获取专业的问诊服务。值得注意的是，此次疫情有助于培养患者的线上问诊习惯，推动互联网医疗行业加大市场渗透，实现可持续发展。

第三，互联网企业提供"资金+技术"，展现使命与担当。面对疫情来袭，京东等公司充分发挥自身平台、技术、数据等核心优势，尽己所能，齐心"抗疫"，展现出巨大的社会正能量。疫情期间，京东集团不仅投入数亿元，以物资捐赠、湖北运力支持和民生保障等方式支援"抗疫"一线，还调动全集团的技术体系，全面提升人工智能、大数据、云计算、物联网等技术能力，紧急研发了十几项应急防疫技术方案，并快速部署到疫情防控一线，为政府部门、卫生部门及园区、社区等提供战"疫"助力。同时，京东还为小微企业伙伴提出息费减免和延迟还款政策，并为它们提供精准帮扶，通过"资金+技术"支持、线上营销解决方案等，帮助小微企业走出短期困境。

  不期而至的新冠肺炎疫情，虽然给我国经济运行带来了明显影响，但中国经济发展的韧性与潜力突出、长期向好的趋势不会改变。善用互联网、大数据、人工智能等数字科技手段，不仅有助于统筹做好当前的疫情防控与社会经济协调发展工作，为政府、企业和社会各界提供科学决策依据和精准施策手段，还有助于"化危为机"，促动产业升级，扩大有效需求，保障民生托底，为达成更长时期内的社会经济发展目标——特别是"全面建成小康社会"的目标——创造有利条件。互联网和数字科技企业努力提升对实体产业和智慧生活的服务水平，将在激发自身核心竞争优势的同时，在助力国家治理体系和治理能力现代化过程中，扮演更加不可或缺的积极作用。

# 产业数字化打造数字经济新高地

2020年，新冠肺炎疫情的暴发严重冲击了中国经济，但数字经济却逆势而上，不仅保持了蓬勃发展的态势，而且对维护正常的经济和社会秩序发挥了重要作用。疫情凸显出数字经济的韧性和优势，同时也反映出产业数字化的必要性和紧迫性。从历史上看，大灾大疫往往会倒逼传统产业转型升级，从而催生新模式、新业态。2003年的非典疫情加速了消费互联网的发展，此次新冠肺炎疫情则倒逼我国产业数字化转型加速推进。未来，产业数字化将打造数字经济发展的新高地。

## 举国"抗疫"吹响传统经济数字化转型的冲锋号

2020年1月，中国发布武汉新冠肺炎疫情的情况。疫情大流行给我国经济社会发展带来重大不利影响，严重冲击物质生产、居民消费、国际贸易，给旅游服务、休闲娱乐、交通运输、教育培训等行业带来重大损失。在国内疫情形势最为严重的2020年第一季度，我国GDP创下近30年来最大季度降幅。

举国"抗疫"打破了经济社会运行的既有方式，以扩大社交距离和降低社交频率为目标的疫情防控举措，促使线下活动向线上转移。数字化生产、生活、工作、学习、就医、消费等活动，极大满足了"抗疫"需要，保障了社会的基本运转，成为重要的减震器。为此，国家有关部门出台了多项相关政策措施，积极鼓励数字科技投入"抗疫"大局，大力发展数字经济。政策鼓励数字科技深度应用于疫情追踪和监测，在政务、金融、教育等公共服务领域广泛推行非接触式服务，推行智能生产、远程办公、在线消费等数字化生产、工作和生活方式，吹响传统经济数字化转型的冲锋号。

疫情期间，传统线下实体经济加速向线上转移，新业态、新模式借力实现快速腾跃，数字经济逆势呈现爆发式增长态势。2020年，社会消费品零售总额391981亿元，比上年下降3.9%。同时全国网上零售额117601亿元，比上年增长10.9%。其中，实物商品网上零售额97590亿元，增长14.8%，占社会消费品零售总额的24.9%。数字经济的快速发展激励更多线下经济主体大力提升线上化、数字化、智能化服务能力，加速推进数字化转型，并深刻改变了存量经济业态。

传统经济的数字化转型，体现在生产、管理、营销、服务等各个方面，主要呈现四个突出特点。第一，"无接触经济"陡然提速，在线零售、在线教育、在线医疗、在线办公等众多产业加速成长。同时，以往线下场景优势明显的医疗、教育、娱乐、影院、体育、会议、展览等行业，加大向线上迁移的力度，酒店、商超、旅游、博物馆等线下消费场景也加快数字化改造，线下服务线上化、数字化、智能化进程加速推进。第二，直播电商等新型营销方式热度飙升，大量"网红"主播、传统行业老总、地方扶贫干部等加入电商直播大军，带动传统产业链优化升级。第三，传统金融机构数字化转型大幅度提速，线上获客、数字营销、智能风控、智能客服等线上化、智能化服务需求井喷。第四，智能城市建设的重要性和急迫性快速显现，智能交通、智能医疗、智能政务三位一体式的智能城市应急指挥调度系统，极大提升了城市的公共服务和组织能力，为大规模疫情防控打造数字利器。

疫情条件下，很多传统产业数字化、网络化、智能化水平不高的问题日益凸显。特别是大批中小企业数字化程度低、上云未成规模、抗风险能力不足，面对突发疫情，日常生产和供应链、价值链出现严重危机，被迫停工停产。这一现象给传统产业敲响了警钟，促使传统产业进一步加快数字化转型，以更好地增强危机应对能力，保证企业在极端条件下的生存和发展。

## 产业数字化将打响数字经济头炮

数字产业化和产业数字化是实现数字经济的主要模式。与数字产业化相比，产业数字化涉及产业领域更多、市场规模更大，是未来数字经济发展的主攻方向。截至2018年年底，我国中小企业数量已经超过3000万家，如果全部进行数字化改造，可以带动巨大的投资需求，并大幅度提高企业经营效益。产业数字化如果能扩展到整个传统产业,将打响数字经济头炮,彻底改变中国数字经济的面貌。

产业数字化是指在新一代数字科技的支撑和引领下,以数据为关键要素,以价值释放为核心,以数据赋能为主线,对产业链上下游的全要素进行数字化升级、转型和再造的过程。这是推动数字经济发展的主要手段。欧美发达国家已推出多项重大战略推动产业数字化。美国占据工业和信息产业的全面优势,拥有物理信息系统、大数据分析、信息安全等工业互联网关键技术,可以为传统产业发展提供强大的技术支持,产业数字化水平总体领先全球。德国在机械、电子、自动控制和工业管理软件等方面拥有较大优势。截至2018年,德国已经把超过200亿件机器设备通过网络连接起来,预计到2030年,这一数字将达到5000亿件。相对而言,我国传统产业数字技术基础薄弱,专业化人才供给不足,再加上部分企业认识不到位、内在动力不足等原因,产业数字化水平还处于起步阶段。

全面推动社会生活、生产方式向数字化转型,不仅关乎中国经济内生性动力的培育,更关系到长期视角下中国经济稳定发展和国际竞争力的持续增强。利用互联网新技术、新应用对传统产业进行全方位、全角度、全链条的改造,将有效提高全要素生产率,释放数字对经济发展的放大、叠加、倍增作用。数据已被国家政策明确为与劳动、资本、土地、知识、技术、管理并列的第七大生产要素,这将大幅提升数字经济在国民经济中的突出地位,为产业数字化转型提供政策和理论支撑。

在国家政策推动、数据要素驱动、龙头企业带动、科技平台拉动、产业发展联动等多方面因素的共同作用下，中国产业数字化转型的效果初步显现。两化（信息化和工业化）融合发展指数是衡量产业数字化水平的一项重要指标。根据国家工业信息安全发展研究中心发布的《中国两化融合发展数据地图（2019年）》，2019年两化融合发展指数达到86.7，提前完成《信息化和工业化融合发展规划（2016—2020）》设定2020年指数达到85的既定目标，为中国制造业高质量发展奠定了良好基础。此外，消费互联网创新发展有了许多新突破，农业、商业和服务业等领域的产业数字化提速前进，越来越多的互联网巨头企业及重点行业中的骨干企业，通过科技平台赋能中小企业，推动上下游相关主体的数字化实践，实现了从企业内部数字化到科技平台赋能的产业链协作。

## 三大趋势开辟产业数字化的新征程

后疫情时代，产业数字化将从自发变为自觉，从启动变为加速，迎来加速推进的黄金时代。未来，三大趋势将开辟中国产业数字化的新征程。

第一，数据要素将重塑全新商业模式。数据作为一种新型生产要素已经被写入党的第十九届四中全会文件。加快培育数据要素市场，推进政府数据开放共享，提升社会数据资源价值，加强数据资源整合和安全保护，已成为要素市场化配置体制机制改革的重要内容。数据资源持续催生个性化定制、智能化生产、网络化协同、服务型制造等新模式、新业态，推动形成数字与实体深度交融、物质与信息耦合驱动的新型发展模式,不断激发商业模式创新,已成为互联网等新兴领域促进业务创新增值、提升企业核心价值的重要驱动力。

第二,科技平台将与传统企业融合共生。在商业服务数字化转型过程中,腾讯、京东等大型平台有效打通了供应链、创新链、服务链、物流链、金融链,为众多传统企业和开发者提供数字基础设施和科技支撑,带动了中国数字经济发展。未来,在制造、医疗、交通等传统产业数字化转型的过程中,拥有数字科技优势的互联网平台同样将高效推动产业链上下游高度协同,促进生产、流通和消费的一体化,驱动生产和管理效率提升、产品供给创新和商业模式变革,实现科技平台与传统企业的融合共生。

第三,政企协同将推动产业数字化转型。中国政府高度重视数字政府建设,中国31个省(区、市)及新疆生产建设兵团和40多个国务院部门已全部开通网上政务服务平台。部分城市与科技企业合作建设智能城市,智能交通、智能医疗、智能政务三位一体同步推进,政务数据与商业数据融合开发,政企共同打造城市数字化基础设施。未来,"政府引导+平台支撑"将成为推动产业数字化转型的主要模式。

# 把脉"新基建"：如何打造中国数字经济的未来

2020年4月1日，习近平主席在浙江考察时强调："要抓住产业数字化、数字产业化赋予的机遇，加快5G网络、数据中心等新型基础设施建设，抓紧布局数字经济、生命健康、新材料等战略性新兴产业、未来产业，大力推进科技创新，着力壮大新增长点，形成发展新动能。"

"新基建"的重要性被决策层频频提及，各地也在集中推进"新基建"项目。在笔者看来，其中既有疫情外部冲击之下稳增长与托底经济的重要考量，也有深化中国数字经济技术优势、创新引领新一轮产业革命、培养未来中国经济新增长点的期待。

当然，针对"新基建"，目前多方仍有争论，主要集中在"新基建"是否应该大力推进，推进"新基建"是否意味着"四万亿"卷土重来，能否支持中国经济增长，以及"新基建"如何推进才能避免结构性问题的积累，防范再度出现过度投资后遗症等几个方面。在笔者看来，认识清楚上述问题，是做好"新基建"落地的关键。

## "新基建"是否是"新瓶装旧酒"

有诸多观点认为,虽然"新基建"被决策层频频提及,但其内容早在2018年中央经济工作会议后便已明确,涉及的"5G基建、特高压、城际高速铁路和城际轨道交通、新能源汽车充电桩、大数据中心、人工智能、工业互联网"七大领域,近几年已经逐步落地,2020年中央政治局会议、国务院常务会议等高层会议再度提及,其实并不存在新意,无非是"新瓶装旧酒"。

果真如此吗?在笔者看来,当前中国基础建设面临的主要问题是,一方面,部分领域、部分地区的传统基建可能趋于饱和或产能过剩;但另一方面,"新基建"部分领域如物流冷链、数据中心等,还存在短缺。纵观"新基建"的七大领域,一部分是补充传统基建的短板,如特高压、高铁和轨道交通、充电桩,另一部分是5G、大数据中心、人工智能、工业互联网等新技术与应用,集中在新的数字基础设施建设方面,并非传统基建的重复。

在2020年全球经济遭遇新冠肺炎疫情的"黑天鹅"事件背景下,"新基建"再度被重点提及,不仅是出于稳增长的考虑,也与"抗疫"过程中"新基建"的突出贡献及其预示的良好应用前景有关。2020年3月,笔者参加人民网组织的"数字经济时代的'新基建'实施路径"线上研讨会时,各方专家对"'新基建'不仅能在短期内助力稳投资、扩内需和增就业,从长远发展来看,更是提升全要素生产率、实现经济高质量发展的重要支撑"已有共识。

从更广泛的意义来说,"新基建"是数字经济的基建。此次抗击疫情中，数字经济发挥了积极作用，突出体现在强化社会公共安全保障、完善医疗救治体系、健全物资保障体系、助力社会生产有序恢复等各领域。

"新基建"为后疫情时代中国经济破茧重生、求新谋变创造了积极条件。5G、人工智能、大数据、物联网等既是新兴产业，也是基础设施。依托"新基建"迅速发展的良好势头，数字技术得以广泛应用，这不仅有助于推动产业升级、扩大有效需求、保障民生托底，也是稳增长工作的重要抓手，为政府和企业提供了科学决策依据和精准施策手段。同时，"新基建"提升了数字经济服务实体产业和智慧生活的水平，构建了数字经济的基础设施平台，其影响力已渗透到社会经济的方方面面，在助力国家治理体系和治理能力现代化的过程中扮演着不可或缺的积极作用。

## "新基建"是否空间太小，对经济作用有限

有观点认为，"新基建"在整个投资中占比不高，对中国经济的支持作用非常有限。在笔者看来，当前"新基建"已经出现蓬勃发展的态势，且与传统政府扶持的项目有别，更多的是靠市场的力量推动，应用前景十分广泛。

例如，新能源充电服务是"新基建"的一大领域。根据中国充电联盟的数据，截至2019年12月，我国充电桩保有量达到121.9万台，车桩比约为3.4∶1。2021~2030年的10年时间内，需要新建桩6300多万个，形成万亿元级的充电桩基础设施建设市场。而在特高压基础设施建设方面，来自国家电网方面的数据显示，2020

年全年，特高压建设项目投资规模至1811亿元，预期可带动社会投资3600亿元，整体规模5411亿元。

数据中心方面，工信部数据显示，2019年中国数据中心数量大约有7.4万个，约占全球数据中心总量的23%，其中超大型、大型数据中心数量占比达到12.7%。规划在建的320个数据中心中，超大型、大型数据中心数量占比达到36.1%，这一数据与美国相比仍有较大差距。根据工信部的研究，2019年中国数据中心IT投资规模达3698.1亿元，预计到2025年，投资规模将几乎翻倍。

另外，"新基建"投资的核心领域5G，当前各地也在重点推动。例如，2020年上海提出加快5G网络建设步伐，确保完成2020年累计建设3万个5G基站的任务，将原本的计划提前1年；广东省也按下了5G基站建设"快进键"，表示2020年新建5G基站4.8万个。《中国5G经济报告2020》预测，2025年我国5G总投资将达到1.5万亿元，创造就业岗位将超过350万个，2030年达到800万个。

与此同时，专项债是"新基建"的重要资金来源，资金方面也在向"新基建"项目倾斜。由于2019年9月国务院常务会议强调，专项债的资金不得用于土地储备和房地产相关的项目，同时扩大了专项债可用作资本金的范围，专项债投向基建的比例大幅增加。

专项债杠杆将撬动更大的"新基建"投资。2020年1~2月，地方政府新发行专项债9498亿元，投向"新基建"的比例为27%，远超过2018年和2019年。多地政府已经提出要积极发挥社会资金作用，用好地方政府专项债，在"房住不炒"的总基调下，预期"新基建"可能会吸引更多的专项债投资。此外，专项债的资金杠杆优势可以撬动银行信贷和社会资本，成为投资放大器，实质性地提高"新基建"投资金额。后续需政策引导支持，进一步加大"新基建"领域的投资规模。

## 超前投资"新基建"是否确有必要

当然，也有人认为，"新基建"属于超前投资，必要性存在疑问。笔者结合以往高铁、机场等中国基建投资的经验来看，虽然部分投资当期看来收益并不明显，但外溢性显著，持续收益值得关注。

例如，2004~2017年中国基建投资平均增速超过20%。其中，中国交通基础设施完善程度已经居世界前列，高铁里程、高速里程均居世界第一。根据世界经济论坛（World Economic Forum）发布的《全球竞争力报告》，2018年中国基础设施整体得分78.1分，排名全球第29位，是主要发展中国家中排名最高的。

超前的基建是中国的竞争优势之一，中国在许多基础设施领域的建设已经位居世界前列。以高铁为例，2019年中国通车的高铁里程超过3.5万公里，占全球的70%以上。高速公路方面，中国高速公路里程14.3万公里，超过美国和欧盟，稳居世界第一。港口方面，全球吞吐量前10位的集装箱港口，有7个位于中国；2018年，中国港口集装箱吞吐量为2.51亿标准箱，位居世界第一，是美国的4倍。航空方面，基础设施建设也在迅速追赶。截至2019年6月底，中国通航机场数量为239个，数量小于美国的555个，但中国年旅客吞吐量达到"千万级"的机场已达32个，航空基础设施的质量正在大幅提高。

整体看来，这些超前投资虽然当期收益有限，但外溢性明显。它们极大地提高了社会生产和物流效率，提升了中国的竞争力，支撑着中国作为全球第一大制造国的地位。除了具有超前投资的特点，"新基建"还是新的产业增长支柱，创新了投资渠道以及新的消费方式，未来前景广阔。

## 如何防范新的"四万亿"卷土重来

当然，目前关于"新基建"，最多的质疑在于认为"新基建"是重走"四万亿"的老路。在笔者看来，这种警示是值得重视的，但也无须抱有"四万亿"恐惧症。毕竟运用反周期的财政政策支持经济增长避免经济硬着陆之举无可争议，"四万亿"的教训不在于是否推出刺激政策，而在于执行过程中忽视了中国经济固有的结构性弊端。

"新基建"建设过程中，不仅要努力实现全年经济社会发展目标任务，避免新一轮基建下的债务风险，还需要与改革相结合，在制度环境、公平市场环境、改善政府治理、鼓励企业创新等方面做出努力。具体而言：

第一，加强顶层设计，做好统筹规划，放宽市场准入。应统筹规划，注重效益，量入为出，对项目做出甄别和评议。研究出台"新基建"规划方案，加强与财税、金融、就业等配套政策的统筹协调；实施负面清单制度，放宽企业投资准入，简化行政项目审批。科技公司和民间资本在软硬件结合、广泛为社会群体提供服务方面存在独有的优势，应积极引导有实力的数字科技企业发挥研发实力和经营创新优势，重点参与公共卫生与医疗健康、智慧交通、智能能源、智能新媒体及电子政务等领域的"新基建"项目。

第二，鼓励和引导民间资本参与，形成多元化投融资体系。除中央预算内投资、专项债券资金及其他政策性的金融手段，还应鼓励和引导各类社会资本参与"新基建"，形成政府财政和社会资本互为补充的健康机制与良性生态。以PPP（政府和社会资本合作）项目为例，目前存量PPP项目投资中，"新基建"占比仍然很低。截至2020年1月，存量PPP项目总投资规模为17.6万亿元，其中狭义"新基建"（充电桩、光电、科技、智慧城市、信息网络建设）相关的投资仅有855亿元，占比0.49%，包含医疗、轨道交通、园区开发在内的广义"新基建"占比超16%；而传统基建（铁路、公路、基础设施，不含轨道交通）仍然占据最大份额，接近40%。"新基建"资金投入还有很大提升空间。此外，还可以考虑发行政策性金融债，多管齐下，拓宽"新基建"项目的融资渠道。

第三，鼓励和引导数字科技企业参与"新基建"，探索推动投建营一体化模式。通过政策补贴、税收减免等方式，鼓励和引导数字科技加快"新基建"相关技术的研发应用，有序参与项目建设和运营。积极引导数字科技企业发挥研发实力和经营创新优势，重点参与公共卫生与医疗健康、智慧交通、智能能源、智能新媒体及电子政务等领域的"新基建"项目。

"新基建"的核心在于支持数字经济的发展。中国已经在数字经济领域位于世界前列，研发投入、专利数和市场占有率均有一定优势。未来，中国应抓住此次疫情中数字经济的发展机遇，发挥"新基建"的产业效应，致力于打造世界领先的数字经济强国。可以预期，伴随着"新基建"加快推进，其在推动经济转型升级、结构性改革方面也有望发挥更大作用。"新基建"与传统基建补短板，协同配合，将释放未来10年中国经济发展的潜能。

## 第4章 数字经济助力提升中国经济韧性

# 数字经济助力双循环

2020年7月30日，中共中央政治局会议提出，"加快形成以国内大循环为主体、国内国际双循环相互促进的新发展格局"。在笔者看来，双循环的提出，既是对短期疫情冲击下国内外经济政治环境新情况、新问题的应对，更是面对世界百年未有之大变局，从长远出发实现我国经济高质量发展的内在要求。

在双循环背景下，数字经济的作用日益凸显。近年来，新一轮科技革命带动数字技术强势崛起，促进了产业深度融合。此次疫情期间，数字经济展示出了蓬勃的生命力，突出体现在强化社会公共安全保障、完善医疗救治体系、健全物资保障体系、助力社会生产有序恢复等各领域，是抗击疫情的重要力量。

后疫情时代，中国经济仍然面临较大挑战。一方面，当今世界正在经历百年未有之大变局，经济全球化遭遇逆流，世界经济陷入深度衰退，中美分歧与博弈加剧，全球供应链、产业链遭遇明显冲击。另一方面，尽管中国经济在疫情之下呈现较强韧性，但短期来看，经济恢复面临需求恢复慢于生产、三产恢复慢于二产、中小企业恢复弱于大型企业及实体与金融冷热不均这四大结构性失衡。从更长远维度来看，供需失衡、区域失衡、行业失衡、企业失衡的矛盾长期存在，将成为困扰我国经济转型升级的难点。

立足大循环，促进双循环，直面国内经济的结构性失衡，释放内需潜力，对于我国实现跨越式发展、实现创新驱动下的经济增长而言至关重要。这一方面需要依靠巨大的国内市场做好内循环，将各个生产要素充分地调动起来，并进行更有效的组合；另一方面，也对创新提出更高要求。通过全要素提升，促进内循环，带动外循环，从而形成双循环。

数字经济可以承担更多职责。在2020年中共中央、国务院发布的《关于构建更加完善的要素市场化配置体制机制的意见》中，数据首次在官方文件中被纳入生产要素。产业数字化和数字经济发展表明，除了资本、劳动、土地、技术等要素，对数据的利用可以带来商业模式创新，提升供需适配度，推动行业协同发展，打造中国经济的新增长点。

与此同时，各地积极鼓励的"新基建"不仅是拉动有效投资的突破口，也是数字经济的试验田。"新基建"从狭义来讲，包括大数据中心、人工智能、城市高速铁路和城市轨道交通、特高压、5G基站建设、新能源汽车充电桩、工业互联网这七个行业；而根据广义的定义，"新基建"涉及整个数字化转型需要的基础设施投资，包括数字零售、智能城市、智能物流、远程医疗等行业。

当前，数字经济正在与产业高度融合，促进各个行业新业态的出现。例如，在消费行业，社区零售和无接触零售迎来发展契机。在疫情的影响下，小区封闭，线下零售遭遇打击，社区电商迎来了巨大的发展机遇，生鲜电商也成为行业风口。此外，无人超市、无人货架等也迎来更多的发展机会。

在金融科技行业，疫情使得金融机构对智能化服务的需求大幅增加。疫情发生后，金融线下业务基本停滞，传统金融机构数字化转型大幅度提速。随着近年来金融科技的发展，大部分的金融活动都可以在线上完成，包括线上获客、数字营销、智能风控、智能客服等。央行在疫情期间试点远程开户，由此推动了线上金融服务的推出。

此外，科技企业通过与金融机构深度合作，不但向金融机构持续输出金融科技技术、产品和解决方案，还开始打造金融科技开放平台，利用数字科技连接金融机构和实体企业，推动金融数字化和产业数字化共同进步。此外，数字化发展措施让金融科技的落地场景越来越多，并且催生了新的业态，如资管科技、保险科技等。

智能城市方面，"新基建"让智能城市互联互通，构建起城市级数据中心，打破交通、规划、环保等各个部门的数据孤岛，使其更高效地沟通、协同。智能城市也是对新兴技术需求最大的领域之一，根据国际数据公司（IDC）发布的《全球智慧城市支出指南》，2020年全球智慧城市相关技术支出预计将达到约1240亿美元，与2019年相比增长18.9%。其中，中国市场支出规模将达到266亿美元，位列全球第二。

在AI机器人方面，"新基建"能为机器人发展做硬性保障。

在"新基建"涉及的主要产业领域，比如大数据中心、城际高速铁路与轨道交通等，AI机器人可以大幅提升运维管理的自动化与智能化，助力降本增效。通过与5G、物联网、云计算、人工智能等技术的融合应用，依托具体的产业场景，机器人产品可以快速发展成熟，并大规模推广应用。未来国民经济发展领域中的重、大、险、难等工作场景，比如铁路巡检、深海勘测、矿山勘探、救灾抢险等，使用机器人可以有效地替代人力所不及，提高工作服务效率和精准度，进而有效带动传统产业的转型升级。

综上，在政策支持与市场驱动下，中国互联网信息科技飞速发展，大数据、人工智能、云计算、区块链、5G等数字科技手段已成为推动社会经济发展的新动力，自主技术创新成为经济发展的关键。

内循环的关键，是要更好地利用中国14亿人口的大市场优势，提升资源利用效率。产业数字化以科技为基础，以数据为要素，以价值为中心，以共建为理念，坚持"融合+创新"一体化推进思路，进而实现技术创新、模式创新和产品创新。产业数字化驱动内循环，就是通过数字化产业和平台经济，更加高效地推进大市场中的资源融合、业务融合、市场融合，更好地释放经济发展的规模效应、范围效应和飞轮效应。

# 看清经济学与科技融合的大趋势

当前,经济学家正在全球科技企业中扮演越来越重要的角色,受到的关注度也日益提高。哈佛商学院的迈克尔·卢卡(Michael Luca)和斯坦福商学院的苏珊·阿西(Susan Athey)在最新论文《科技公司的经济学家》中提到,经济学家在科技公司中的作用主要有四点:一是微观经济学方面问题,例如价格设置和产品设计问题,研究产品如何影响用户;二是公司发展策略问题,包括对产业的研究以及对收购、合并等行为的评估;三是公共政策问题,研究科技公司和商业模式创新对社会的外部性;四是法律和政府监管问题,协助企业面对反垄断和竞争等领域的挑战。

## 经济分析同科技手段相结合

或许从美国较为成熟的市场经验中,可以发现一些经济和科技融合的范例和趋势。笔者于2019年6月赴美国访问,先后到访硅谷、西雅图、华盛顿和纽约，拜访了一些全球顶尖的科技企业和金融企业，同亚马逊首席经济学家及微软、谷歌经济学家团队进行了深入交流沟通。在当前美国高科技企业中，一支强大的经济学家团队已经成为标配，其作用不仅仅局限于运用丰富的微观数据进行实证检验，同时，他们也将宏观思考和微观数据的实证研究相结合，扩展研究的深度和广度。未来，经济学家的理论背景和知识体系又将在同科技融合的过程中带来怎样的新改变？

笔者认为，在数字科技发展方兴未艾、机器学习等人工智能分析方法不断迭代、互联网大数据指数级增长但潜力尚未完全被发掘的今日，经济学研究和实际应用的内沿和外涵在不断拓展，经济分析同科技手段结合已成大趋势，对于许多科技领域、商业领域内的问题，经济学家也可以提供新思路和新视角。

比如在谷歌，首席经济学家范里安不仅在谷歌线上广告定价方面提供了模型支持，在公共政策咨询方面也有理论研究和政策指导，即针对谷歌可能面临的垄断指责，进行经济学角度的辩护。一般而言，垄断会让消费者权益受损，而范里安提出，谷歌虽然具有垄断地位，但消费者反而只需付出更低的价格。同时，虽然谷歌在搜索引擎领域的地位无可撼动，但是在线广告方面的市场份额不到美国所有广告收入的1%，远远难以称之为垄断。经济学家团队通过帮助公司进行法律和政府监管问题的研究，协助企业面对反垄断和竞争领域的挑战，降低了谷歌遭遇反垄断制裁的风险。

亚马逊则是当前全球公司中经济学家同科技结合的最佳案例。笔者了解到，亚马逊拥有超过150名经济学家的研究团队，数量仅次于IMF和美联储。亚马逊各个业务条线都有经济学家参与，比如产品定价、广告定价、市场前景观察等，主要是运用经济学最优解的概念，分析投入产出的结果，从而优化投入。同时，亚马逊还利用内部海量平台交易数据，对美国物价水平进行跟踪。由于其数据准确性、即时性均远好于官方数据，作为宏观通胀数据的补充，已经被美联储采用为政策决策时的重要参考。

此外，在亚马逊的在线影视业务Prime Video中，经济学家通过对在线电影大数据的分析，判断不同影视题材的流行趋势，同时根据观众的需求喜好，设计影视剧剧情，选择最受欢迎的明星担任主演，对影视剧的投资以及不同顾客群体的定向推送提供支持。由于拥有公司产生的大量数据，一些学者认为，亚马逊的经济学家团队已经获得足够的规模，其所生产的学术报告质量足以媲美世界顶尖大学的经济学系。由于传播方面的优势，科技公司的研究成果可以在新闻媒体中迅速产生影响，极大地提高了亚马逊的声誉和影响力。

## 改变全球数字经济版图

实际上，经济学家同科技公司的碰撞已经不仅仅局限于谷歌、亚马逊等几家顶级科技公司。近年来迅速崛起的"独角兽"公司也越来越重视经济学家团队的建设。科技公司和经济学家之间的互动已经产生了一个经济学中全新的领域——数字经济学。而中国作为全球互联网产业仅次于美国的第二大国，在一定程度上也引领了数字经济学研究和应用的浪潮，"中国经验"同"硅谷经验"一样，正在改变全球数字经济的版图。

同时，科技公司广泛使用的机器学习方法也创造出全新的机遇。近年来，经济学家迅速拥抱机器学习、深度学习等科技手段，一系列全新的方法也拓宽了经济学家的研究领域，将因果推断、模型分析应用于科技公司的大数据，充分发掘了科技公司的海量数据，形成了一系列文献和研究成果，这些文献又相应地影响了科技公司的商业实践。

大数据、云计算等科技手段同经济分析的结合产生的新生产力，也已成为各国重点建设的信息基础设施。许多困扰经济学家、高科技从业者和监管层面的问题，都得以从一个更新、更广的视角获得审视和判断，新的商业模式和更高效的资源配置也得以施行。大数据和人工智能在各个领域都得到广泛应用，从市场设计到工业组织，从广告精准投放到旅行者如何选择民宿，从打车软件如何有效匹配、接到乘客，到提高线上购物商品推荐精准度，背后都有经济学家的身影。

笔者美国之行的最后一站是在纽约访问标普公司全球总部。标普全球收购了美国智能投研先行者Kensho，这是迄今为止华尔街最大规模的人工智能公司收购交易。笔者了解到，人工智能技术在经济分析中应用广泛，标普传统的评级业务、指数编制和市场推广中，已经应用了Kensho的文本挖掘和报告自动生成技术。相比传统经济分析和市场研究，人工智能技术在处理海量企业层面数据、寻找宏观微观经济变量之间的关系和因果链方面有很大的优势。

科技和大数据赋能经济研究，经济研究反哺公司商业战略决策、市场营销和客户推广,已经被证明为一个前景光明的发展趋势。笔者认为,科技公司和经济学家们正在改变传统商业、科技和经济学的界限,未来,深度融合的前景更是无限广阔。

# 第 5 章

# 科技赋能金融数字化

## 数字科技赋能消费金融

突如其来的新冠肺炎疫情无疑是2020年全球经济最大的"黑天鹅",中国宏观经济和各行各业遭受重大影响,2020年第一季度GDP同比增长-6.8%,创改革开放以来历史最低。与此同时,疫情倒逼大数据、人工智能、5G技术、区块链等新技术加速落地,刺激无接触零售、智能化服务等新业态创新发展,驱动中国新一轮产业数字化变革,为后疫情时代中国经济破茧重生、求新谋变创造积极条件。

消费金融业务以居民消费为基础,受疫情冲击十分明显。2020年第一季度社会消费品零售总额7.86万亿元,同比下降19%,餐饮零售、旅游出行、社交娱乐等线下服务场景急剧萎缩,居民消费信心亟待重建。应当看到,疫情从供求两端破坏了企业和居民的资产负债表,且对需求的破坏大于供给,对消费金融行业产生深远影响,原有的市场业态面临重构,这也为数字科技精准赋能消费金融业务提供了特殊机遇。

为何数字科技可以赋能消费金融?当前,科技驱动数字经济蓬勃发展，正在对人类经济社会形态与生产、生活方式产生深远影响。以大数据、云计算、人工智能、区块链和物联网等为代表的前沿技术的加速应用，为新经济快速崛起、传统产业数字化转型提供了坚实的基础设施与多样化的技术解决方案。受疫情影响，线下消费场景受阻，倒逼消费金融相关公司转型升级，数字科技赋能作用进一步凸显，行业逐步走向智能化发展。具体来看：

首先，数据已经成为国民经济的关键生产要素。2020年4月9日，党中央、国务院发布《关于构建更加完善的要素市场化配置体制机制的意见》，首次将数据与土地、劳动力、资本、技术等传统要素并列，说明数据已成为事实上推动经济高质量发展的重要因素。可以预见，在数据收集、存储、分享、共享基础上衍生的数字科技，必将迸发更可观的市场前景，在推动各行各业转型升级的过程中扮演不可替代的积极角色。消费金融是连接金融服务与实体产业的重要纽带，具有广泛的用户基础和大数据技术的深厚沉淀，更有潜力成为数字科技落地实践、激发价值贡献的先导领域，发挥数据信息的最大效用。

其次，人工智能、区块链、云计算等核心技术加快落地，数字经济的基础设施日臻完善。目前，数字科技渗透至工业、电信、交通、金融、政务、医疗等行业领域，嵌入研发、生产、物流、销售等业务节点，推动传统产业全链条加速数字化转型。金融行业数据积累多、数据存储大、数据流转快，具有发展数字科技的天然有利条件。其中，消费金融广泛连接各类生产生活场景，全面覆盖金融机构从资产端、支付端到资金端的完整业务流程，有望成为数字科技深化技术赋能、提升行业整体效率的理想切入点。

最后，消费金融行业规范发展需要更加有效的技术支撑。近年来，消费需求大幅增加，催生出多主体共同参与、多产品形态并存的消费金融市场。不可否认，部分机构在合作展业过程中，存在用户准入混乱、产品定价过高、数据获取和使用不规范、资产质量持续恶化及暴力催收等种种乱象，成为行业长期健康发展的重大痼疾。在发挥消费金融对稳定消费、提振经济的基础性作用的同时，促动各类市场参与主体基于各自资源禀赋实现优势互补、融合共生，共建市场运行良好生态，亦成为数字科技赋能消费金融行业的重要命题。

## 数字科技如何赋能消费金融

近年来，以人工智能、大数据、云计算、区块链为代表的技术不断成熟，并被广泛应用于消费金融领域，数字科技不断加大赋能银行、消费金融公司及其他服务机构，促成金融产品与开放场景、海量数据深度融合，在提升服务效率、防范金融风险等领域展开了积极探索与有益实践，解决了风险识别与定价、提升效率、场景体验等问题。后疫情时代，随着技术的实践深入，数字科技的赋能能力还将进一步提升。

第一，数字科技能够助力金融机构精准获客。近年来，特别是此次新冠肺炎疫情暴发后，用户消费行为、金融行为线上化迁移趋势不断加剧，加强线上场景用户获取和转化，已经成为传统金融机构自身难以突破的重大短板，这也为数字科技企业输出线上场景、流量和数字化获客能力提供了可为的方向。数字科技可以精准圈定目标人群，通过用户消费支付、公共服务、地理位置及社交关系数据形成完整用户画像，挖掘不同层级的优质潜力用户，并通过数据模型推荐布达营销线索，促动用户转化、活跃，提升黏性和价值。数字科技还可以快速捕捉获客商机，在用户出现账户异动、主动联络、内容浏览或其他行为轨迹变化时挖掘场景化服务需求，实现多渠道联动营销，并在营销、触达的过程中通过优化流程设计减少节点漏损，提升用户体验。

第二，数字科技能够助力金融机构精细化运营。近年来，线上流量竞争日益激烈，精细化运营成为各类经营主体降本增效的关键环节。消费金融目标人群中年轻用户、"小白"用户比重较大，对价格和利率更为敏感，用户体验需求也更加多元，这为数字科技企业输出运营能力、改善运营效用提供了迫切的现实需要。通过数字科技，可以将单项业务不准入但实质风险可控的用户分流至其他产品线，显著提升流量复用，降低用户流失；可以整合开放生态权益资源，帮助金融机构搭建会员、积分体系，促动用户持续成长；可以推出在语调、用词甚至呼吸状态上高度仿真的智能客服，在压降人工成本的同时，维持高质量用户体验；可以在后台机房维护中引入智能巡检机器人，提升运维质量和效率。

第三，数字科技还能够助力金融机构实时风控。与公司信贷相比，消费信贷面向广大个人客户，笔数多、金额小、用款更灵活，对精准风控提出更高要求。在消费金融业务线上化迁移过程中，批量性系统攻击和远程行为欺诈风险高发，这为数字科技企业深度介入场景化、全流程的实时风控创建了用武之地。

数字科技可以采用生物识别和OCR（光学字符识别）机器学习技术，在简化身份认证、优化用户体验的同时，拦截黑产[1]设备、可疑号段和高危地域，降低伪冒和欺诈风险；可以接入工商、税务、海关、司法、社保、公积金等公共服务系统，判定多头、过度授信，并通过分析用户消费金额、频次、品类偏好及行为记录，更好地确认交易真实性，降低信用风险；可以实现身份信息在线采集、实时识别和地理位置等实时监控，降低贷前调查、贷后管理等环节的操作和合规风险。

## 数字科技赋能消费金融的前景

未来几年将是5G技术、物联网、工业互联网等前沿技术的大规模部署期，数字科技将继续加速产业融合，为我国经济的高质量发展创造新优势，打造新动能。具体到金融行业特别是消费金融领域，可以预见数字科技的赋能前景主要体现在如下方面：

第一，数字科技前沿技术加速落地，助力消费金融行业数字化转型。金融数字化发展已呈现蓬勃发展态势，用科技重塑金融行业业务发展模式也已经达成共识。未来随着数字科技技术发展成熟，金融数字化步伐也将跃进。比如，人工智能技术不仅可以

---

1. 指以互联网为媒介，以网络技术为主要手段，对计算机信息系统安全和网络空间管理秩序甚至国家安全、社会政治稳定带来潜在威胁（重大安全隐患）的非法行为。——编者注

帮助金融机构更好地为客户提供服务,还可以防范金融风险,实现智能风控;金融行业可利用区块链、云计算、大数据等技术更有效地处理数据、分析数据、分析风险,寻找相应的解决方案,以便提供更高效的服务。

金融行业也是5G技术的重要应用方向。在5G时代,原本需固定带宽支撑的应用可通过无线通信实现,从而进一步提升外部场景的输出效率,促动数字科技的远程精准输出和实时精细支持,营造便捷高效的开放生态。借助大量小型传感器、监控器、计算器及实时定位系统,将可加深万物互联、人机交互,有助于拓展在不同场景下随时随地支付、远程产品销售及业务办理,助力金融机构降本增效。金融机构拥有广大的存量用户基础和传统渠道优势,很多此前难以采集、存储和充分挖掘的用户声纹、影像、浏览痕迹、行为轨迹、关系图谱等数据,将在数据传输效率的指数级提升过程中,逐步具备结构化处理的技术能力与应用价值。数字科技公司可以在分布式架构、加密脱敏处理等技术支撑下,赋能金融机构进一步打通底层数据,使数据分析在消费金融营销、审批、贷后管理等业务决策中发挥更大作用。

第二,"新基建"启动为消费金融发展创造了良好的政策环境与市场机遇。应当看到,"新基建"的核心在于支持数字经济发展,这既表现在疫情期间大数据、云计算、物联网等科技手段助力全民战"疫"与生产生活的有序恢复,刺激消费新需求和创新实践,也表现在疫情后数字科技助力各行各业转型升级,特别是推动数字新零售、智慧城市等新兴产业的蓬勃发展。

从长期看,数字科技驱动的"新基建"建设是提升全要素生产率、实现经济高质量发展的重要支撑。比如，作为"新基建"的关键因素，大数据在赋能消费金融方面的发挥空间还很大。2020年我国大数据市场交易规模将达545亿元，已成为推动大数据相关行业发展的重要力量。消费金融是典型的数据密集型行业，对"新基建"和新消费过程中的数据积累、数据挖掘高度敏感，因此可以在建设公共数据信息开放共享服务平台、打破"数据孤岛"的过程中充分受益。

第三，后疫情时代居民消费复苏升级，为消费金融发展提供了重要的市场机遇。消费是拉动经济增长的三驾马车之一，2019年，我国社会消费品零售总额41.2万亿元，同比增长8%，消费对经济增长贡献率57.8%，拉动GDP增长3.5个百分点，连续6年成为经济增长的第一拉动力。在疫情当中，尽管消费金融行业在前端获客、中台运营、后台风控等不同维度不可避免地遭受短期冲击，但居民消费行为的线上化迁移进一步加速，有利于挖掘新的、更场景化的消费金融业务机会。线上消费新业态快速崛起，特别是在线医疗、教育、泛娱乐等用户群体有了极大的拓展，均为消费金融业务拓展外部场景、延伸服务半径、探索收入变现提供了更多路径。

稳经济就要稳消费，政府可以考虑将消费券的派发作为中国经济刺激政策的选项之一，而2020年第二季度正是投放消费券、配合复工复产的最佳时间窗口。当然，消费券的推出应从中国经济基本面的实际情况出发，不应忽视对实施细节的考量，尤其需要关注特定地区、特定行业和特定人群的消费需求，鼓励对疫情期间被压抑、隐藏的实物消费需求的重新挖掘和激活。在落地过程中，需要合理设定消费券的发放时间和使用期限，在发放范围和种类设计上统筹兼顾，科学安排发放金额和资金来源，运用财政手段对重点地区给予倾斜支持。消费券需要定向投向消费领域，带动汽车、家电等大额消费和关联实体产业尽快复兴，这也为数字科技在数据挖掘的基础上精准识别资金需求、监控资金流向、做好资金管理和探索消费金融产品转化路径指明了方向。

数字科技已经成为"抗疫"的重要手段和工具，其在各行各业的广泛应用，特别是对产业数字化快速发展的推动，将成为促进经济回升和反弹的关键引擎。消费金融行业在本次新冠肺炎疫情冲击之下，既有短期之"危"，又有长期之"机"，亟须数字科技企业凝聚核心优势，在广度上以客户为中心，延展多元服务场景，在深度上以数字化为主轴，做好能力输出，在开放生态整合共建过程中，发挥更加积极的赋能作用。

# "科技创新"战略有何深意

党的十九届五中全会审议通过的《中共中央关于制定国民经济和社会发展第十四个五年规划和二〇三五年远景目标的建议》提出,"坚持创新在我国现代化建设全局中的核心地位,把科技自立自强作为国家发展的战略支撑",并将其摆在各项规划任务的首位进行专章部署,这背后既是中国深化供给侧结构性改革推动高质量发展的内在需求,也是针对当前百年未有之大变局的科学应变。本文将从科技创新的现状、成果、问题、意义等几个层面阐释科技创新。

## 为什么党中央强调"发挥科技创新在全面创新中的引领作用"

推动核心技术自主可控将是"十四五"期间重要的目标,这背后既是中国深化供给侧结构性改革、推动高质量发展的内在需求,也是对当前百年未有之大变局的科学应变。

过去几十年,劳动、土地和资本等生产要素在中国经济高速发展中扮演了极其重要的角色,人口、城镇化、资本市场化改革开放等红利推动中国经济改革开放在40余年里实现国内生产总值年均增长9.5%,从封闭的农业国转变为全球最大的工业制造国,又随着工业化迈入城镇化。然而,伴随着劳动、土地和资本对经济增长的拉动受到越来越多的制约,如投资回报率大幅下降、人口红利减少、环境污染成本上升等,中国经济的潜在增长率已有所下降。未来,依靠创新发展提升全要素生产率,是带动经济增长的关键。

具体来看,劳动力方面,就总量而言,我国人口老龄化的程度持续加深,劳动年龄人口逐年下降,劳动力比较优势正在丧失。国家统计局的数据显示,2019年,16~59岁劳动年龄人口为8.96亿,劳动年龄人口占总人口比重为64.3%。中国发展基金会发布的报告预测,到2022年左右,中国65岁以上人口将占到总人口的14%,实现向老龄社会的转变。与此同时,伴随着刘易斯拐点的到来,劳动力工资不断上涨,中国传统的劳动密集型产品生产优势逐步减少,出口竞争力受到来自东盟诸国的挑战。

资本方面,近年来,中国资本回报率呈现边际效益逐年递减的态势。资本回报率的持续低迷,制约了企业资本开支意愿的扩张,进而拖累经济增长。与此同时,全社会杠杆率特别是企业杠杆率不断攀升,风险加大。2020年前三季度杠杆率增幅为27.7个百分点,由上年年末的245.4%上升到270.1%。

资源环境方面,以往粗放式的经济增长方式造成了一定的资源浪费,环境污染问题也愈加严重。如今,大气污染、水污染、土壤污染等问题困扰着传统要素供给,中国GDP从更加注重数量向更注重质量转变。

在新形势下，破解要素瓶颈，关键靠创新。我们应从过去过度依赖劳动、土地和资本的模式中转变，提升生产效率，驱动创新变革，推动中国经济迎来新一轮高质量增长。

随着科学技术的发展，我们深刻认识到，知识、技术、管理、数据等形成全要素生产率的投入要素，对生产力发展的作用越来越显著。党的十九大报告提出"提高全要素生产率"的要求。党的十九届四中全会首次把数据增列为生产要素，提出"健全劳动、资本、土地、知识、技术、管理、数据等生产要素由市场评价贡献、按贡献决定报酬的机制"。知识、技术、管理和数据生产要素要发挥重要作用，背后的推动力都源于科技创新。

目前，官方并没有科技对GDP贡献的相关指标，但可以用一些相关数据衡量科技的贡献。比如，依托大数据、云计算、人工智能、区块链等新一代数字科技，推动产业数字化、数字产业化为主体的数字经济指标。中国信息通信研究院的数据显示，2019年中国数字经济增加值规模达到35.8万亿元，占GDP比重达到36.2%，按照可比口径计算，2019年中国数字经济名义增长15.6%，高于同期GDP名义增速7.85个百分点。2020年疫情期间，科技在强化社会公共安全保障、完善医疗救治体系、健全物资保障体系、助力社会生产有序恢复等各领域发挥了重要作用。

## 我国科技创新在政策、研发和人才方面成果如何

世界知识产权组织（WIPO）联合发布的《2020年全球创新

指数》显示，在全球创新领域，排名前10位的国家依次为瑞士、瑞典、美国、英国、荷兰、丹麦、芬兰、新加坡、德国和韩国，中国排第14名，是唯一进入全球创新指数前30名的中等收入经济体。报告指出，中国的领先全球科技集群有17个，其中深圳—香港—广州和北京的综合实力分别位居全球第二和第四。这得益于中国在政策、研发和人才等各方面的投入。

政策方面，我国已基本形成支持科技企业发展的政策体系，包括建立科技体制机制改革创新政策，构建以企业为主体、市场为导向、产学研相结合的技术创新体系，调整创新决策和组织模式，以及强化普惠性政策支持等。世界银行数据显示，2019年中国营商环境世界排名从2018年的第46跃升至第31位。

研发投入方面，我国研发支出增长迅速，研发经费总量已在2013年超过日本，成为世界第二大研发经费投入国家。2019年，中国研究与试验发展（R&D）投入总额达到2.21万亿元，支出占GDP比重为2.23%，比上年提高0.09个百分点，达到中等发达国家水平。根据世界知识产权组织的数据，2019年中国申请了58990项专利，数量位居世界第一位，美国以57840项专利位居第二，排在其后的日本、德国和韩国分别为52660项、19353项、19085项。

人才建设方面，我国的科技人才队伍不断扩大。《中国科技人力资源发展研究报告（2018）》显示，"十三五"期间，我国科技人力资源规模持续稳定增长，不考虑专升本、死亡及出国因素，截至2018年年底，总量已达10154.5万人，稳居世界第一。教育方面，2019年高等教育毛入学率达到89.5%，高于中高收入国家平均水平。

## 当前我国科技创新所面临的问题

我国与科技强国的差距，首先体现在知识产权保护不足。过去很长一段时间里，中国的产权保护意识相对薄弱，产权保护法律法规建立较晚，产权保护体系建设还不够完善。近年，中国采取了系列措施加大知识产权保护力度，并取得了一些成绩。

其次是教育资金投入偏低。中国教育的财政投入占GDP比重、人均教育支出、劳动力受教育年限、高等教育入学率和高校世界排名远落后于美国等科技强国。比如，2018年中国教育经费占GDP比重为5.1%，其中财政投入教育支出占GDP比重为4.1%，美国为5.2%，英国为5.7%，法国为5.5%，德国为4.9%，日本为3.6%，韩国为5.1%。

再次是高校研发不足。相比科技强国，中国高等院校研发占比偏低，2018年为7%，低于美国的13%、日本的12.3%、德国的17.3%和法国的20.3%。中国的基础科研薄弱，基础研究投入额仅相当于美国的1/4，而基础研究主要在高等院校。未来，应促进学校、科研院所、企业三方在创新人才培养方面的合作，鼓励研究生联合培养，促进三方人员的流动。

最后是激励和管理体制不足。目前，国家对自主科技创新的制度支持还不够全面有效，包括项目评估和资金支持体系、有利于自主创新的政府采购制度、有利于科技创业的社会融资系统、对企业国内外研发投入给予所得税抵免或退征，以及完善科技经费的管理制度等。

## 国际经济科技格局将面临怎样的深刻调整

当前世界正经历百年未有之大变局，新一轮科技革命和产业变革深入发展，国际力量对比深刻调整。发达国家依托其技术、资本和人才等优势，掌握研发、设计、增值服务等高附加值环节，占据价值链"双高端"，而发展中国家由于技术壁垒因素，大多只能依靠劳动力、资源等要素的成本优势，承担加工组装等低附加值的国际分工。近年来，中国在技术领域发展迅速，但与国际先进水平存在较大差距，后续大力推动科技创新、加强基础研究、加快关键核心技术攻关、打造未来发展新优势、加快融入全球高附加值价值链、提升产业链地位、实现双循环新发展格局，对于经济高质量增长而言十分关键。

从国际经济科技格局来看，中国在通信设备、集成电路、互联网金融等部分领域占据着关键优势，华为、中兴、阿里巴巴、腾讯、百度、京东等科技巨头的国际影响力凸显。比如，当前全球四大通信设备巨头——华为、爱立信、诺基亚、中兴，中国占据两个席位。华为2019年销售额为8588亿元，研发投入1317亿元，大幅超越传统通信设备巨头爱立信与诺基亚。与美国无线通信巨头高通相比，华为的收入与研发投入体量同样领先。

中国高技术行业发展迅速，已成为高质量增长的主要驱动力。2019年，高技术制造业增加值同比增长8.8%，增速高于规模以上工业3.1个百分点；2020年疫情前，高技术行业固定资产投资维持两位数增长，疫情后投资增速率先回正，是政策重点发力的方向。

然而，中国科技的崛起也引起了美国的焦虑和警惕，制裁"组合拳"让人应接不暇。这表明，美国正在试图与中国在科技领域脱钩。

同时我们也应看到，中国在科技领域与美国的差距仍然明显。主要体现在：第一，美国在计算机、通信设备、半导体等行业的优势明显，中国部分高尖端技术仍依赖美国。第二，美国专利转化率基本维持在两位数，中国虽然专利数量排名第一，但专利转化率不足两位数。第三，美国高科技企业附加值较高。例如，尽管美国在通信设备领域存在巨额逆差，但是以移动通信设备领域为例，仅苹果一家公司，每年的净利润就超过多家手机厂商之和。第四，中国科技人力资源密度较低。2018年，中国科学研究与试验发展人员占全时当量的比重为43.1%，而主要发达国家的这一数值均超过50%。

## 全球范围内创新要素流动明显受限将带来怎样的影响

在新冠肺炎疫情冲击下，世界经济陷入严重衰退，经济全球化遭遇逆流，国际贸易和投资萎缩，全球供应链、产业链遭遇明显冲击。由于疫情催生产业链回流、中美分歧与博弈加剧及全球成本竞争优势发生转移等原因，国际国内要素循环面临挑战。技术和人才是科技的核心要素，其自由流动受限，将制约技术依赖国家的高科技产业发展，影响全球技术迭代更新速度和产业升级，重塑全球产业链和价值链。

我国应秉持开放创新的态度，深化国际科技合作。第一，改善营商环境，吸引更多外商投资；第二，给予高科技企业更多税收优惠和政策便利，吸引更多的高科技企业落户；第三，培育海外人才市场，建立健全与国际接轨的人力资源流动、配置、使用、评价和激励机制；第四，加强自主研发，突破核心高精尖技术，扩大技术话语权，以此形成产业集群效应；第五，推动技术人才国际化流动，扩大高科技领域的国际贸易活动规模。

## 为建成世界科技强国，在哪些方面还需要加强

首先，深入实施科教兴国战略、人才强国战略、创新驱动发展战略，完善国家创新体系，加快建设科技强国。强化国家战略科技力量，提升企业技术创新能力，激发人才创新活力，完善科技创新体制机制。

其次，积极参与国际数字经济贸易和服务规则的制定，把数据安全、技术安全、金融安全问题留在经贸框架内，主动打造国际贸易的前沿阵地。

再次，大力推动科技创新，加快关键核心技术攻关，打造未来发展新优势，加速科技成果向现实生产力转化，提升产业链水平，加快推进数字经济、智能制造、生命健康、新材料等战略性新兴产业，形成更多新的增长点、增长极。

最后，加大技术与实体经济的深度融合，精准滴灌，进而推动经济结构调整，激发经济新活力，创新驱动经济转型升级走向高质量发展。

# Big Tech 推动金融数字化变革

在金融线上化和数字化改造的推进过程中，Big Tech（具有技术优势和渠道优势的大型科技公司）是不可或缺的参与者和推动者。金融数字化是大势所趋，当前应积极修补数据、制度和基础设施等方面的短板，更好地发挥Big Tech的赋能作用，推动金融数字化高质量发展。

新冠肺炎疫情的暴发让人们看到了科技对传统金融的重塑，刷脸支付、线上借贷等非接触式金融迅速崛起。在线下金融业务几乎停滞的情况下，人工智能、大数据、云计算、区块链等技术帮助金融业快速推进线上化和数字化转型，维持了金融业的快速发展势头。

## 数字化是金融业变革的必然趋势

从金融发展的演进趋势来看，Big Tech推动下的金融数字化发展，既是当前应对疫情冲击的非常之需，又是未来高质量发展的必经之路。

**多层次、多样化的金融科技生态体系逐步形成**

在供需两端的推动下，非接触式金融在疫情后"提档加速"。疫情暴发后，金融科技在金融业的应用实现了从"离散式"推进到"全面开花"的转变，各类金融机构深化与以Big Tech为代表的金融科技、数字科技企业合作，通过数字化转型来应对此次现实版"压力测试"。各个业务领域的应用加快推进，很好地弥补了金融机构网点服务的短板。2020年2月，全国工商联同银行业协会等推出的"非接触式贷款"小额援助计划，吸引了100多家银行的迅速聚集加入，贷款范围涵盖十大行业，预计半年之内可支持全国约1000万户小微企业、个体工商户和农民恢复生产。第三方支付公司所提供的刷脸支付、扫码支付等一系列非接触支付方式，有效避免了不必要的接触，保护了日常生活消费活动的顺利开展。

非接触式金融发展的背后，是金融科技的持续创新和广泛运用。近些年来，我国金融科技创新保持了快速的迭代升级，多层次、多样化的金融科技生态体系逐步形成。以Big Tech为代表的金融科技和数字科技企业不但向金融机构持续输出金融科技技术、产品和解决方案，还开始打造金融科技开放平台，利用数字科技连接金融机构和实体企业，推动金融数字化和产业数字化携同共进。

**金融数字化是金融供给侧结构性改革的必经之路**

宏观层面，金融数字化有利于构建广覆盖、多层次、有差异的金融机构体系，提升金融服务实体经济质效。近年来，我国金融体系改革创新持续推进，但金融结构不合理、机构竞争同质化、风险管理粗放化等问题依然突出，小微企业融资难、融资贵现象持续存在。在以Big Tech为代表的数字科技企业的直接驱动和竞争影响下，技术、场景与金融的融合发展，成为金融供给侧结构性改革的有效方式，可以切实提升金融机构的服务能力和内在动力，从而更快形成广覆盖、多层次、有差异的金融机构体系。具体而言，金融数字化基于客户需求来创新产品业务和运营模式，有助于解决金融机构同质化竞争问题；通过线上化服务极大拓宽金融服务覆盖面，有助于解决覆盖面不足问题；通过行为场景数据和大数据手段等缓解信息不对称的情况，有助于解决定价不精细问题；通过大数据建模等有效识别管控风险，有助于解决风控过度依赖抵质押物问题。

微观层面，数字化是解放金融数据生产力的重要方式，有助于提升金融机构的经营管理效率。金融业的发展与数据息息相关，随着金融服务范围的拓宽和服务产品的丰富，金融机构急需采集和应用更多的数据来解决信息不对称问题。金融机构数字化的过程，就是金融数据效能最大化的过程。Big Tech能深化数据与金融业务的融合，分布式数据库、区块链技术可以帮助金融机构改善金融数据存储、读取的安全性和高效性；云计算、人工智能可以帮助金融机构降低数据运营成本，提升数据分析与业务支持的效率；移动通信、线上场景可以帮助金融机构拓展数据获取和业务供给的来源及渠道。

## Big Tech是金融数字化发展的重要推手

根据国际清算银行在2019年年度报告中的分析，Big Tech具有较强的"数据网络的自我强化能力"，是金融数字化的重要推手：Big Tech通过其主营业务，获取大量的数据和流量，并在网络效应的作用下引来更多的数据和流量，进而可以通过较低的边际成本，将业务拓展到支付、信贷、金融产品销售等具有网络效应的金融服务领域，实现技术、场景与金融的融合发展。

### Big Tech依托技术力量全面改造金融供应链

从业务发展看，Big Tech对金融的数字化改造是全流程、全方位的。金融业务的链条涉及多个环节，包括产品设计、资金筹集、营销获客、风险控制、贷后（售后）管理等。Big Tech通过对金融供应链各个环节的线上化和数字化改造，促进了金融供应链前后环节的纵向联动和不同链条之间的横向联动。具体而言，Big Tech改变了金融服务的"人、货、场"——"参与金融供应链的主体""产品和服务""服务和交易场所"的性质和形态。

第一，参与金融供应链的主体种类更加丰富，供给和需求更加多元。例如，Big Tech提供的支付服务和平台服务，使得其自身成为金融供应链中的设施和通道提供方，使用这些服务的金融机构、消费者及其他技术服务商互为供给方和需求方。

第二，金融供应链所承载的产品和服务更加标准化、多元化。Big Tech利用其技术优势，为金融机构创新金融产品和服务提供了基础且丰富的数字化"生产工具"，金融机构可以通过组合选用的方式实现自身的需求。

第三，金融供应链的服务和交易场所获得进一步改造创新。Big Tech一方面帮助金融机构实现其传统交易场所的线上场景变迁和线下效能提升，另一方面打造开放平台，聚拢金融机构、金融消费者及其他服务商，在满足平台上各类客户需求的同时，推动着金融数字化生态的共建。

从发展过程看，Big Tech对金融业的数字化改造不断深化拓展。截至目前，这个改造过程可以大致概括为三个阶段：

第一个阶段是自营金融业务。Big Tech在申请的金融牌照许可范围内，利用数字科技自己开展金融业务，将数字科技能力在自身金融业务上进行验证。

第二个阶段是输出科技解决方案。Big Tech用数字科技帮金融机构做金融业务，将数字科技能力输出、赋能给金融机构。

第三个阶段是打造开放平台。Big Tech用数字科技连接金融和实体产业，将数字科技作为金融数字化、产业数字化的桥梁。

## Big Tech利用比较优势协同推进金融数字化

在金融数字化发展过程中，Big Tech与传统金融机构的资源禀赋存在差异，各有优势。金融机构在金融市场筹集资金的成本低，金融风险控制能力强，但技术基因不及数字科技企业；Big Tech则在技术上有核心禀赋，在跨界联动、快速响应市场需求上具有明显的竞争优势。Big Tech与传统金融机构协同推进，可以更好地实现技术、场景与金融服务的深度融合。

Big Tech拥有差异化的数字化输出能力。根据国际清算银行的分析，Big Tech拥有数字化输出的DNA——数据分析（data analytics）能力、网络外部性（network externalities）和互动活动（interwoven activities）。其中，数据分析能力使得Big Tech能够比银行更好地加工数据，提升数据分析的效果；网络外部性将梅特卡夫定律复制到金融领域；互动活动使得Big Tech可以将自身场景和服务与金融业务更好地结合、打通。Big Tech企业能够利用信息科技比较优势和数字化输出能力，帮助金融机构改造业务模式、管理方式、发展理念，从而形成差异化的市场定位、业务模式和竞争优势。

Big Tech能与金融机构协同推进金融数字化。相关调查报告显示，相对金融机构自建金融科技推进数字化转型，以Big Tech为代表的数字科技企业拥有更加成熟的数字化解决方案和更加多样的数字化渠道。在助力金融机构数字化的过程中，Big Tech的效率和成本更加具有优势。在实践过程中，头部的Big Tech企业将数字营销、智能风控等能力及多样化业务场景整合输出，一方面开放自身流量，体现渠道优势，帮助金融机构完成线下向线上的迁移；另一方面为金融机构打造核心能力提供定制化解决方案，助力金融机构的管理更加高效。

### 积极破除Big Tech赋能金融数字化的外部约束

为了更好释放Big Tech对金融数字化的赋能作用，推动金融服务"增量、扩面、提质、降本"，除了Big Tech自身要不断强化技术创新和应用能力，外部也需要积极弥补数据、制度、基础设施等方面的短板，创造一个更好的外部环境。

**从政策与技术两端发力，夯实Big Tech赋能金融数字化的数据基础**

隐私保护和数据合理使用之间，往往存在着一定程度的冲突，是数据要素价值无法最大化面临的现实难题。《关于构建更加完善的要素市场化配置体制机制的意见》要求加快培育数据要素市场，对推进政府数据开放共享、提升社会数据资源价值、加强数据资源整合和安全保护做出了总体部署。为了推动数据要素在金融领域更加高效稳健的使用，实现数据使用和隐私保护的统一，应当从政策和技术两方面共同发力，夯实Big Tech助力金融数字化的数据基础。

一方面，在《网络安全法》《信息安全技术个人信息安全规范》《个人金融信息保护技术规范》的基础上，进一步完善数据使用相关的政策法规和标准指引，规范数据收集、传输、存储、展示、共享和转让、汇聚融合等行为，为数据使用者设定合理合法使用的边界，并明确收益分配方式及责任承担方式。另一方面，可以通过技术手段实现数据保护，如对于涉及个人隐私的信息，可以在约定授权范围的同时，通过脱敏处理等方式实现数据交互；可以在优化迭代、联邦学习、分布式数据库等技术手段及技术模型的基础上，使得作为信息控制者的Big Tech不断提升数据使用效能并强化数据保护。

**完善政策指引和监管机制，明确Big Tech赋能金融数字化的政策预期**

金融数字化需要金融机构和Big Tech的双轮驱动。Big Tech助力金融数字化，需要清晰的制度环境，明确Big Tech可以做什么以及如何做。中国人民银行2019年印发的《金融科技（FinTech）发展规划（2019—2021年）》，主要从金融机构的角度明确了金融科技发展的主要目标和任务。在此基础上，还应进一步明确金融数字化金融科技企业和Big Tech的作用范围。同时，目前已有的监管规则都是针对传统线下业务模式制定的，随着金融数字化、线上化发展，应对相应的监管规则做出适应性修改并完善监管机制，鼓励金融数字化创新发展。

这些问题已经引起相关部门的关注，相关政策正在不断优化调整。2020年3月，北京金融科技监管试点二期项目就规定，申报机构主体除了持牌金融机构、持牌金融机构加科技企业，从事金融相关业务系统、算力存储、算法模型等科技产品研发的科技公司也可独立申请。同时，针对金融数字化、线上化发展，相关部门正在研究制定《商业银行互联网贷款管理暂行办法》及《个人金融信息（数据）保护试行办法》等规则。下一步，还需要相关部门根据金融数字化发展的进程以及Big Tech发挥的作用范围，对相关政策和规则进行动态修改。

**加快经济金融"新基建"，筑牢Big Tech赋能金融数字化的基础设施**

Big Tech是连接经济"新基建"与金融数字化的重要桥梁。

"新基建"的核心是数字经济的基建,既是我国应对当前疫情冲击的重要政策,也是推动经济金融数字化变革、释放未来10年中国经济发展潜能的重要部署。2020年4月,发改委首次明确"新基建"包含信息基础设施、融合基础设施、创新基础设施三个方面,涵盖了5G网络建设、工业互联网、人工智能、大数据、智能交通基础设施、智慧能源基础设施等。一方面,以Big Tech为代表的科技企业是"新基建"的技术供应商,"新基建"需要Big Tech的技术赋能;另一方面,Big Tech是金融数字化的重要参与者,金融的数字化才能更好地满足"新基建"发展的金融需求。Big Tech是数字化金融基础设施建设的重要参与者。

# 金融数字化进阶之路

金融数字化发展既是对2020年新冠肺炎疫情的应对之举，也是未来金融高质量发展的必经之路。金融数字化发展是一项系统工程，未来的发展需要在行业层面注重金融科技企业与传统金融机构的双轮驱动，在机构内部强化机构内部顶层设计与流程改造之间的上下联动，在业务层面加强数字化基础设施的底层支持，在监管层面注重监管机制和规则的适应性调整。

## 疫情冲击按下金融数字化发展"快进键"

疫情期间，我国非接触式金融服务和金融数字化转型的快速推进是金融科技创新持续多年迭代升级的一次迸发，也验证了金融体系向数字化转型的迫切需求。

### 疫情推动金融数字化发展"提档加速"

在疫情之前，一些金融机构对推动数字化转型还是"边走边看"的态度，金融数字化在一定程度上处于"离散式"推进状态；而在疫情暴发后，在供需两端的共同推动下，金融数字化发展"全面开花"，几乎涵盖了所有类型的金融机构和金融业务。新华财经调研的数据表明，疫情暴发后，金融科技在金融市场业务、对公业务（含中小企业业务）、零售业务、支付业务、投融资业务、同业业务等各个业务领域的应用都在加快推进，很多业务线实现了全流程覆盖，在保障金融服务不间断、促进线上线下业务联动、加快金融产品创新、强化金融基础设施服务等方面都发挥了积极作用。

在疫情之前，金融科技创新大多聚焦于C端，而在疫情暴发后，金融科技创新更加重视B端，更加重视以供应链、贸易链和产业链为基础推进企业金融服务创新，这对改善中小微企业的融资等需求起到了良好的支持作用。2020年4月，银保监会发布的《关于加强产业链协同复工复产金融服务的通知》，也明确提出"提升产业链金融服务科技水平"，以缓解产业链上下游中小企业的资金压力，推动产业链上协同复工复产。

**疫情后金融数字化的全面提速并非偶然**

一方面，近些年来我国金融科技创新保持了快速的迭代升级，多层次、多样化的金融科技生态体系逐步形成，为金融科技塑造了坚实的技术基础。金融科技和数字科技企业不但向金融机构持续输出金融科技技术、产品和解决方案，还开始打造金融科技开放平台，利用数字科技连接金融机构和实体企业，推动金融数字化和产业数字化共进。例如2019年7月，京东将"JT$^2$智管有方"从技术系统服务升级为开放平台服务,通过组合模块化的七大中台服务[智能挖掘、DaaS(数据即服务)、共识与加密服务、估值定价、智能风控、智能配置、交易设施],为资产管理机构提供按需定制的解决方案。

另一方面,金融机构亟须数字化转型来提升内生动力和能力,以更好地统筹服务实体经济和防控金融风险的平衡。近年来的金融科技创新应用让金融机构认识到,金融科技创新和数字化改造有助于切实提升金融机构的服务能力和内在动力。也正因此,银保监会在2019年年底发布的《关于推动银行业和保险业高质量发展的指导意见》中,明确提出"科技赋能"的基本原则,并对银行业保险业金融机构增强金融产品创新的科技支撑提出了具体方向。

## 金融数字化发展需要重点解决三个现实问题

金融数字化是一项系统工程,在行业层面需要推动不同市场主体之间的竞争合作,在机构内部需要强化机构顶层设计与流程改造之间的上下联动,在业务发展上还需要强化基础设施的底层支持。

### 传统金融机构和数字科技企业的协同关系

近些年来,国内外金融科技创新发展的历程表明,金融科技对传统金融体系的影响不是"颠覆",而是"创造性破坏"。尽管金融机构和数字科技公司存在着直接竞争与间接竞争,但是全球中小微企业融资普遍存在的"麦克米伦缺口"表明，金融数字化行业未来发展空间广阔，两类机构的竞争合作将是未来金融数字化发展的主旋律。

未来金融科技和数字化发展的主流路径，应该是传统金融机构与金融科技公司的"双轮驱动"和合作融合。从京东的一站式金融数字化解决方案JDD T1的实践来看，数字科技公司可以向金融机构（特别是中小金融机构）输出涵盖IaaS（基础设施即服务）、PaaS（平台即服务）、DaaS和FaaS（功能即服务）在内的整体数字化解决方案，提供"技术+业务"。它不仅可以帮助金融机构搭建弹性供给、灵活调度、动态计量的私有云，还可以帮助搭建技术中台、数据中台、业务中台，提升产品和业务的数字化、智能化的程度。金融机构根据自身的技术、人才等资源，决定是自主开发技术还是与数字科技企业合作，进而改造传统业务模式和管理方式，更好地创新金融产品服务、业务流程和经营模式。至于未来金融科技和数字化发展的速度，则取决于数字科技企业与传统金融融合是物理变化、化学变化还是核裂变。

**金融机构顶层设计与顶层推动的协同关系**

金融数字化既是模式，也是战略。金融机构的数字化、智能化转型是一个系统性工程，离不开战略上的顶层设计和实施上的顶层推动，需要在战略、业务、技术、组织、人才、考核等方面同向发力、同步迈进。

在战略上，金融数字化首先确立数字化战略定位和战略方向，进而塑造数字化的文化，培养数字化的思维。就当前而言，最为重要的是金融机构需要想清楚，数字化转型只是自己应对疫情的一时之需，还是长远发展的战略转型。

在业务上，金融业务是一条涉及多个环节的供应链。金融数字化转型，需要金融供应链上各个环节的纵向联动和不同业务链条之间的横向联动。

在技术上，要加强技术和数据驱动，建立技术中台和数据中台，打通金融机构内部各个业务条线的数据隔离和数据孤岛问题，通过技术的快速迭代和数据的创新使用，实现产品迭代和创新。

此外，还需要加强组织、人力、技术等方面的保障，通过绩效考核机制、组织架构变革等中后台的演进，配合新业务的数字化转型发展。

**金融数字化发展与数字化基础设施建设的协同关系**

完善的数字金融基础设施有助于更好、更快地推动金融数字化和智能化发展。当前我国正在积极推进统一社会信用代码体系建设，并与金融稳定理事会提出的法人机构识别编码（LEI）建立起完善的映射关系，这有利于促进信用信息资源共享，降低金融机构和数字科技企业的识别成本及管理成本。金融数字化技术标准是"数字化金融基础设施"的软件，技术标准可以帮助金融行业以相互兼容的方式降低风险。当前人工智能、区块链、大数据、云计算等多项金融数字化技术标准制定积极推进，金融分布式账本技术、云计算技术金融应用标准已经发布。

在此基础上，有待研究明确的问题是：金融科技和数字化发展需要哪些基础设施保障，相应的规章制度应当如何调整？金融基础设施是指为各类金融活动提供基础性公共服务的系统及制度安排，数据中心、金融云、数字化金融服务平台等企业推出的金融科技创新是否会成为重要的金融基础设施？数字化金融基础设施建设运营的准入条件是什么？

## 金融数字化发展需要金融监管的适应性调整

金融创新发展与金融监管演变相伴而行，金融数字化发展需要金融监管做出适应性改变，以便在更高水平上实现服务质效提升和金融风险防控的平衡。

### 通过监管科技，支持创新与防控风险的平衡

金融科技和金融数字化是新兴数字科技推动的金融产品、金融模式创新，监管部门一方面需要近距离接触，了解新技术新业务，把握金融数字化发展的新变化、新进程；另一方面需要秉持技术中性原则，积极发展监管科技，提升金融监管的效率，以免监管技术的滞后牵制有效的金融科技创新和数字化转型。

从实践来看，金融监管部门正在积极推动监管科技发展，通过刚性底线和柔性管理的有机结合，对金融科技发展带来的新问题和新挑战给予适时、有效的回应，以最大限度地支持金融科技创新和有效防控金融风险的平衡。

早在2013年，原银监会就建立了覆盖全国银监系统的现场检查分析（EAST）系统，实现了银行非现场检查系统的科技改造。

2018年5月，证监会组建科技监管专家咨询委员会，同年8月发布《中国证监会监管科技总体建设方案》，且提出积极探索区块链等创新金融科技应用。2019年8月，中国人民银行发布《金融科技（FinTech）发展规划（2019—2021年）》，提出积极发展监管科技，并在2019年年底正式启动金融科技创新监管试点。

**通过规则修订，实现金融数字化与监管补短板的共进**

金融规制优化是一个与时俱进的动态演化过程，已有的金融监管规则大都是针对传统线下金融业务模式制定的，面对金融线上化、数字化转型发展，金融监管规则要如何修改完善，值得高度关注。新冠肺炎疫情暴发后，在监管部门强化疫情防控金融服务政策的引导下，非接触式金融服务获得积极推广，有效地缓解了传统金融服务模式下的金融供需矛盾。就金融监管而言，这些实践为后续金融监管规则修改完善提供了很好的全国性"试点"。

事实上，在疫情暴发之前，互联网贷款、信息科技类助贷等金融创新业务已经在快速发展，监管部门已经在积极推进互联网贷款管理、个人金融信息保护等与金融数字化发展密切相关的金融业务监管规则的制定。而在此次疫情暴发后，监管部门做出"柜台开户为主，远程开户为辅"的开户管理原则调整，允许银行在保证真实的情况下先远程开户，后补材料，提供了很好的规则改革路径。

**通过规制规范，实现数据使用与隐私保护的统一**

金融数字化高度依赖信息与数据，安全、合规地使用个人信息，是金融科技行业发展过程中的重要前提和基础。从欧洲《通用数据保护条例》（GDPR）等国外相关监管政策的实施效果来看，信息保护政策规范和技术标准的发展方向，应该是最大限度地实现个人隐私保护和鼓励行业创新的统一。

我国基于这一原则，正在修改相关政策和技术标准。2020年修订的《信息安全技术个人信息安全规范》一方面增加了"用户画像的使用限制""个性化展示的使用""基于不同业务目的所收集个人信息的汇聚融合"等规范行业创新的内容，另一方面也修改了"征得授权同意的例外""个人信息主体注销账户""实现个人信息主体自主意愿的方法"等强化个人信息保护能力方面的内容，更好地体现了支持创新与信息保护的兼顾。2020年出台的《个人金融信息保护技术规范》，不仅对个人金融信息进行了详尽的分类，而且细化了个人信息全生命周期，对个人金融信息展示、共享和转让，公开披露，委托处理，加工处理，汇聚融合，开发测试等给出了清晰的合规指引，体现了行业监管部门对行业最新实践的快速回应。

在此基础上，是否可以通过联邦学习等技术，更好地平衡数据最大范围的使用和隐私最高限度的保护，如何提升企业数据的数量和质量，是否应该建立统一的国家数据基础设施等问题，也是金融数字化和高质量发展需要进一步思考解决的问题。

# 数字化打造良好金融生态

改革开放以来,我国金融市场规模不断壮大。截至2020年5月,我国股票市场总市值超60万亿元,债券市场存量规模超105万亿元,为世界第二大股票市场和债券市场。截至2020年第一季度,我国大资管行业规模约117万亿元,约占2019年GDP的117%。资本市场和资管行业的发展,一方面为政府和企业融资提供了便利,另一方面也为居民资产分散风险、保值增值提供了多样化的配置渠道。

## 我国金融市场发展成效与问题并存

在市场规模不断壮大的同时,我国金融市场生态不断丰富。除了传统的银行,还存在券商、基金、信托等非银金融机构及第三方财富管理公司、金融科技公司等。截至2020年第一季度,我国银行贷款余额约160万亿元,券商、基金、信托等机构主导的大资管行业资产管理规模约117万亿元,其中银行理财2.2万亿元、信托资产21.6万亿元、保险资管18.5万亿元、公募基金14.8万亿元、私募基金14.1万亿元、证券公司资管10.8万亿元、基金公司及其子公司资管8.5万亿元等。

但是，金融市场在发展过程中也积累了一些问题，如股票市场发育不足、影子银行规模过大、对实体经济支持不够等，且违规和违法事件时有发生。因为金融市场发展不足，居民投资理财发展也较为滞后，如股票配置比例明显低于发达国家、投资者权益保护不足、科学的投资理念薄弱等。为克服以上问题，我国需要从法治化、市场化和数字化着手，建设良好的金融市场生态，充分发挥金融市场的资源配置功能，并让投资者更好地分享经济发展的成果。

## 加强法治化建设，夯实金融市场长期稳定发展基础

相比发达国家成熟的金融市场，我国金融市场法治化建设明显落后。以股票市场为例，法治化的滞后主要体现在信息披露不合规、财务造假、内幕信息交易仍然存在、违法的惩罚力度不足等多个方面。信息披露不合规、财务造假使得市场难以对上市公司的真实情况做出及时准确的把握，从而难以进行准确的资产定价；内幕交易损害了少部分人之外的广大投资者利益，严重违背了市场公开、公平、公正的原则；在违法收益给定的情况下，违法成本过低，其实是变相导致上市公司违法违规。

例如，证监会公布的獐子岛信息披露违法违规事件显示，獐子岛2014~2017年先后多次通过"扇贝跑路"等难以验证的事项

计提资产减值损失，违法违规明显，且涉及的利润调整金额巨大。但按照当前的法律法规，对獐子岛公司的处罚仅仅是给予警告并处以60万元罚款。这些法治化建设方面的短板阻碍了我国资本市场资产定价、实体经济融资、投资者资产保值增值等功能的发挥。

需要看到，发达国家资本市场在法治化建设方面也同样经历了从不足到不断完善的过程。20世纪20年代，美国股市已经是世界上最大的股票市场，但是其制度和运行方式却和1817年刚刚建立的时候没有太大的差别，股票投机、价格操纵、内幕交易盛行，著名的"庞氏骗局"也是在这一时期产生的。经济和股市的繁荣掩盖了这些行为的负面影响，但1929年的股市崩盘和随后的大萧条，使得这些行为对资本市场的负面影响暴露无遗。

也正是因为如此，20世纪30年代，美国开启了资本市场法律和制度层面的变革，通过设立证券法规、统一会计准则等方式规范资本市场发展。美国通过《1933年证券法》，规定证券发行必须在证券交易委员会注册，禁止虚假陈述；1934年通过了《证券交易法》，限制保证金交易，防止过度投机。20世纪30年代，美国的公认会计原则（GAAP）出现，从会计层面规范公司财务信息披露乱象。1940年，通过了《投资公司法》和《投资顾问法》，针对共同基金做了规定，限制关联交易，加强信息披露。

我国资本市场法治建设近年来也在持续进步中。2020年4月，针对瑞幸咖啡财务造假事件，国务院金融稳定发展委员会召开专题会议强调："最近一段时间，一些上市企业无视法律和规则，涉及财务造假等侵害投资者利益的恶劣行为，监管部门要依法加强投资者保护，提高上市公司质量，确保上市公司真实、准确、完整、及时的信息披露。"同年6月，国务院领导在陆家嘴论坛上表示，资本市场建设要坚持"建制度、不干预、零容忍"，加快推动证券代表人诉讼机制落地。7月11日，国务院金融稳定发展委员会召开会议，强调从加大资本市场违法成本、加强监管执法力度、保护中小投资者权益等方面，推进资本市场法治化建设。

## 深化市场化改革，强化金融市场的资源配置功能

市场化程度不足是我国金融市场的痼疾。以股票市场的上市制度为例，经比较可以发现，A股严格的上市要求并没有创造价值，很多公司上市后盈利能力单边下滑，而在上市要求更加宽松的美国股票市场上，中国公司的长期表现则更佳。

笔者按照国际通用的全球行业分类系统（GICS）的分类方法，对A股及美股上市的中国科技企业进行了梳理，重点考察了信息技术及医疗保健这两个科技含量较高的行业，进行跨市场间盈利能力的对比。结果显示，在A股上市的企业，上市前后"变脸"现象严重。例如，一开始，绝大部分的A股上市科技企业都能实现纸面上赢利。然而随着时间推移，亏损企业比例不断抬升，上市7年后，科技企业已有10%出现了亏损，没有亏损的公司也出现大范围的净利润率严重下滑。

美股市场则与A股市场形成了鲜明对比。一方面，中概科技股公司盈亏比例在上市的后几年均是基本稳定的，基本维持在赢利企业与亏损企业的比例在1∶1左右的态势。此外，中概科技股

公司的净利润率也大多呈现稳定态势，从上市前两年到上市第七年，盈利平均值基本维持在18%~21%，并未出现A股式的上市后即盈利下滑的现象。

由此可见，学习发达国家金融市场的先进经验，深化市场化改革，是助力优质企业成长并让投资者分享经济发展红利，从而强化金融市场资源配置功能的必由之路。近年来，我国在这方面的进展也在加速，如科创板开板之初即实现了有一定核准的注册制，如上市门槛采取5套标准，未赢利科技企业满足市值/收入等一定要求后，即可上市；发行价不设限制，全面采用市场化的询价方式定价，取消23倍市盈率限制等。又如创业板已经完成由核准制向注册制的转换，2020年4月27日，中央全面深化改革委员会第十三次会议审议通过了《创业板改革并试点注册制总体实施方案》；7月16日，圣元环保股份有限公司等4家公司通过审核，成为创业板注册制下首批上市企业。

## 发力金融数字化，打造更好的金融生态

金融业数字化是通过金融科技的使用，实现从销售、投资交易等前台业务到清算交割、风险管理等中后台业务全流程的数字化，实现金融业的转型升级、提质增效。

以财富管理行业为例。当前我国投资者参与金融市场交易、进行投资理财的过程中存在的主要问题是缺乏科学的投资观念，在投资过程中难以保持理性、正确的分析，难以管控风险。具体来说，一是资产配置不合理。投资者对风险和收益之间的关系认

识不足，不具备通过配置不同类型、低相关性的资产来分散风险的意识，或是该意识不到位，导致其往往对某种资产配重过高。二是投资操作不理性，例如热衷于炒概念、追涨杀跌、规避损失等非理性行为。

2020年发生的原油宝事件，充分反映了普通投资者在理财中的种种误区，值得我们特别关注与深刻思考。首先，投资者对期货市场交易规则的理解过于浅显，在不确定性相当高的环境下就盲目入市，完全背离了价值投资的要求。其次，不少投资者抱着侥幸的投机心理，将大笔钱财甚至全部家当都购买了原油宝，也违反了"风险分散"的理财铁律。当原油市场受新冠肺炎疫情冲击需求大跌，导致原油价格出现了前所未有的负价格，大量投资者最终赔得血本无归，教训不可谓不深刻。

从发达国家的经验看，主要依靠金融机构加强投资者教育和投资者保护，才能比较好地解决以上问题。我国银行和证券公司等金融机构一直以来在投资者教育方面做了大量工作，也取得了很好的成效。一方面，针对投资者的资产配置不合理问题，金融机构不仅为其补充最基础的证券知识，讲解分散配置的理念，也帮助投资者明确了自身需求和风险承受能力；另一方面，针对投资者的投资操作不理性问题，金融机构基于自身的专业知识和丰富经验给予投资建议，可极大程度纠正投资者的行为偏差。此外，金融机构也通过投资者适当性管理，为不同风险属性的投资者匹配适合其风险承受能力的产品，从源头避免非理性行为的产生。

然而，传统金融机构在开展投资者教育的过程中，仍面临着人力、物力高成本问题，想要进一步提升服务质量，仅靠自身是有一定困难的。此时，便需要充分整合外部资源，而金融科技公司是金融机构加强投资者教育的良好伙伴。通过数字化手段，能够以很低的成本实现对投资者教育的全流程触达、全时空覆盖，从根本上改变目前投资者教育成本高、触达点少、教育成果不彰的诸多弱点。

我国金融科技公司在支持金融企业数字化方面已经有很多成功经验。例如，通过数字化手段将投资者教育的内容以不同形式嵌入投资交易的全部流程中，实现了投入产出最优化。又如，在投资流程最初始阶段开设投资者教育直播平台，由公司内部专业人士或邀请业界专家进行讲解，既可保证内容的专业性和多样性，同时直播这种大众喜闻乐见的方式也更易被投资者接受，受众群体覆盖率高。再如，在投资决策环节，基于金融行业多年来的数据积累，金融科技公司可以通过大数据挖掘并利用人工智能算法进行客户画像，提炼客户需求，分析客户行为，进而助力机构为广大投资者打造定制化服务，有针对性地解决不同客户的不同问题。随着金融市场的不断发展和科学技术的迭代更新，金融与科技的融合将会更加密切，并使我国金融市场生态不断优化。

# 数字科技赋能金融监管

中国证监会2020年系统工作会议指出,要以科技监管为支撑,进一步增强监管效能。发展监管科技、提高监管效能成为金融监管部门的年度重点工作之一。积极发展监管科技有助于缓解金融市场快速发展导致的监管人员、监管资源投入不足的问题,能有效提升监管质效,从而推动金融科技和金融数字化更快、更好地发展。同时,发展监管科技可以促进友好型监管,让监管更有温度、更受欢迎。

## 金融科技朝金融数字化快速迈进

在"ABCD"(人工智能、区块链、云计算、大数据)等数字科技技术的驱动下,在移动互联网、物联网等信息连接方式的支撑下,我国金融科技发展浪潮迭起,金融产品、经营模式、业务流程不断创新、改造与变革,金融行业正在经历快速的代际变革。

金融科技快速发展提高了金融数字化水平,有助于推进金融供给侧结构性改革,转变金融服务方式,助力金融加大对实体经济重点领域和薄弱环节的支持,更好地实现风险防控和服务实体经济的高水平均衡。在风险管理方面,大数据风控丰富了金融机构的手段和工具,能有效提高风控效率;在客户营销方面,智能化精准营销帮助金融机构更精准触达"三农"、小微企业,强化服务质效;在资产管理方面,区块链技术被运用于资产证券化底层管理,加强了产品的透明度,提高了发行效率,降低了管理风险;在投资研究方面,人工智能与"另类数据"的结合,推动投研结果更精细化、前瞻化。

证券行业是运用金融科技实现金融数字化的排头兵和先行者。利用人工智能技术实现的证券客户精准营销以及投资者适当性管理,在大数据的基础上运用现代投资组合理论实现的智能投顾,基于机器学习整合与关联海量信息、研究成果的智能投研等创新产品不断推出。经过多年发展,数字科技已经从证券行业科技化的工具变成了某些证券业务开展的组成部分。

### 辅助监管分类施策,实现精准拆弹

金融科技的快速发展在改善金融服务的同时,也使得一部分金融业务的边界趋近模糊,金融风险的传导借助科技手段突破了时空限制,给金融稳定、金融监管带来了新挑战。理想的状况是,监管科技与金融科技良性互动,金融监管部门通过积极发展监管科技,对金融科技发展带来的新问题和新挑战给予适时、有效的回应。

在信息披露方面，监管科技可以实现数据报送的真实、高效，提高信息披露的质量，减少信息不透明度，从而降低市场的信息不对称水平，有助于促进金融科技在资产定价、市场风控、投资配置等领域的创新。

在风险控制方面，监管科技可以通过事件捕捉、诱因监测、概率分析等方式量化风险，实现风险的监测、识别，并提出合理处置对策，从而有效防范金融业务和资本市场业务、互联网金融、地方类金融等活动带来的风险，辅助监管分类施策，实现"精准拆弹"。

在监管实施方面，监管科技可以在打击各类金融市场违法违规行为以及监测可疑金融主体时提高稽核查处的效率，也能给予市场合理预期，促进良性金融市场环境的构建。

在促进创新方面，监管科技可以前置在金融活动中，通过明确金融创新标准、改善金融业务流程、设置风险控制机制等方式，支持金融科技创新、优化金融产品供给。

发展监管科技可以促进友好型监管，"让监管更有温度、更受欢迎"。正因如此，2019年9月，国际清算银行研究提出了"嵌入式监管"的概念——借助区块链和分布式账本技术，监管机构、被监管机构共同上链，监管机构利用机器学习和人工智能技术实现自动化行业监管。"嵌入式监管"可以大大降低检查和分发数据的成本，进一步改善被监管机构的信息保密，提高监管的效能。

## 推进监管科技建设

在金融科技快速发展的背景下,中国金融监管部门坚持"技术中性"原则,积极发展监管科技。2017年,中国人民银行成立金融科技委员会,强化监管科技(RegTech)应用实践,积极利用大数据、人工智能、云计算等技术丰富金融监管手段,提升跨行业、跨市场交叉性金融风险的甄别、防范和化解能力。2019年的《金融科技(FinTech)发展规划(2019—2021年)》对发展监管科技进行了顶层设计,要求"运用数字化监管协议、智能风控平台等监管科技手段,推动金融监管模式由事后监管向事前、事中监管转变,有效解决信息不对称问题,消除信息壁垒,缓解监管时滞,提升金融监管效率"。

证监会近年来正在积极推进监管系统信息化和监管科技建设。2018年5月,为实现借助科技能力提升金融监管水平,证监会组建了科技监管专家咨询委员会,专门聘请两院院士、高校学者以及企业界的技术专家担任咨询委员。2018年8月,证监会发布《中国证监会监管科技总体建设方案》,完成了证券业监管科技的顶层设计,明确了监管科技1.0、2.0、3.0各类信息化建设工作需求和工作内容。2019年12月,证监会首设科技监管局,将监管科技落实到组织人员层面。

2020年的证监会系统工作会议对监管科技(科技监管)的工作安排也再次体现了证监会对应用数字科技完善监管体系的重视。会议特别提出积极探索区块链等创新金融科技的应用,开启了区块链技术运用于监管科技的大门。

从金融演进的历史来看，金融科技和监管科技相伴而行、携手共进是未来发展的主要趋势。只要始终坚持行稳致远、守正出新的理念，不断提升行业数字化、智能化、科技化水平，我国的金融科技和监管科技将会持续引领国际趋势，并且促进金融业持续、高质量发展。

# 第 6 章

# 构建新发展格局面临的机遇与挑战

# 新货币理论下的突围之路

2020年对于每个国家、每一个个体而言，都是极不平凡的一年。年初一场突如其来的新冠肺炎疫情，截至2021年4月9日，已在全球造成超过1.3亿人感染，逾291万人不幸罹难。世界人民在苦难中艰难地负重前行，全球科研攻关分秒必争，以最快的速度推进疫苗研制和接种，为早日走出疫情带来希望。

新冠肺炎疫情改变了全球经济与宏观政策既定的演变路径，影响了全球经济格局，也催生了新一轮技术革命。

经济方面，世界各国刚从10多年前那场席卷全球的金融危机中缓慢走出，却又因疫情陷入第二次世界大战以来最严重的衰退，全球经济、贸易和投资遭到重创。IMF2021年4月发布的《世界经济展望报告》，预计2020年全球经济萎缩3.3%。

政策方面，全球宏观政策不得已再度开启了新一轮全面刺激之路，力度之大、速度之快，远超以往。特别是美国，不仅货币政策迅速降至零利率，宣布无限量QE，财政赤字占GDP比重更是创下15%的历史新高。财政货币共同发力之下，美联储持有美国国债几乎翻倍，增至近4.7万亿美元。新货币理论悄然实践，引发讨论。

政局方面，拜登接棒特朗普，出任美国新一届总统，民主党也出乎意料地横扫参议两院。美国大选中，特朗普虽未获得连任，但在美国主流媒体、硅谷高科技企业、金融资本、民主党和部分共和党建制派的共同围堵下，仍获得远超民意调查的支持。可以想象，若非2020年特朗普"抗疫"不利带来的连锁反应，他再度入主白宫也未可知。转瞬之间，中美大国关系、全球经济政治格局亟须重新评判。

面对新冠肺炎疫情的重大考验，中国政府在14亿国人的积极配合下，通过果敢有力的防控政策率先控制住疫情，复工复产带动中国经济实现全球范围内一枝独秀的正增长。中国不仅成为疫情中全球供应链上的重要补给，外贸出口全球占比再创新高，也不断赢得海外投资者的信心，外资流入跃升世界首位，人民币汇率节节攀升。此外，国内疫苗研发走在全球前列，亦为构建人类命运共同体贡献了智慧和力量。

令人惊喜的是，疫情催生了新一代数字经济革命。数据作为生产要素，彰显出强大的生命力，各领域产业数字化应用发展突飞猛进。中国线上化浪潮的跨越式发展，不仅在全球范围内令人瞩目，还有可能扭转近年来中国潜在增长率回落的态势，为新一轮经济增长提供重要引擎和突破口。

告别波澜壮阔的庚子鼠年，站在大变革时点的辛丑牛年，展望未来一年、五年乃至更长时间的经济发展与政策前景，我们不断思考，既然疫情是2020年最大的"黑天鹅"，那么，2021年疫情反复，何种因素又将接棒，成为具有全局意义的、影响重大的系统性关键变量？反复思考之下，早前引发激烈争论的新货币理论实践浮现于眼前。

货币国定论、财政赤字货币化和"最后雇主"计划，是现代货币理论的三大支柱。根据其理论，政府发债无约束、央行与财政合二为一、零利率政策以及充分就业的扩张政策，不会引起通胀。现代货币理论将财政货币混淆，被主流经济学抨击。但不容回避的是，财政赤字化已或多或少地在多国付诸实践。特别是美国方面，曾任美联储主席的新任财政部部长耶伦直言不讳道，当美国利率处于历史低位之际，最明智的举措仍是采取大动作。传统的平衡预算观念已不再是束缚，美国财政主导、货币配合的新时代渐行渐近。

可以预期，刺激大概率会带来短期经济反弹。2021年1月底，IMF普遍上调全年经济增长预期。据其预测，伴随疫苗接种和政策刺激加码，2021年全球经济将增长5.5%，比2020年10月时的预测上调0.3个百分点，美国预期增速有望恢复至5.1%，欧元区经济恢复至4.2%，而在中国、印度、东盟五国的拉动下，亚洲新兴市场和发展经济体仍是全球亮点，增速或将回升至8.3%。

其中，2021年中国经济仍会延续回暖的态势。虽然国内疫情时而有所反复，但放眼全年，国内疫苗推进迅速，防控经验丰富，阶段性疫情很难改变中国经济整体向好的局面。2021年，中国的关注重点将是如何处理好疫情期间收入差距加大对消费整体的拖累，如何做好政策转弯背景下对国内债务风险的防范，以及如何在资金追捧下做到国内房地产政策的精准调控。

长期来看，全球新货币理论实践对中国的挑战值得警惕。发达经济体的财政纪律愈发松弛，海外货币持续宽松，与国内政策适度转弯背离，这一情况将在很长一段时间内存在，推升利差扩大，助推人民币升值和资本流入。同时，历史上财政货币化的数轮实践教训深刻，倘若越走越远，则大多以恶性通胀、经济深度衰退为代价。这就警示我们，虽然目前全球通胀可控，但大宗商品价格快速上涨的苗头、美国房地产市场一路高涨的现象均值得关注。诚如央行前行长周小川早前发言中指出的，当前较少包含资产价格的通胀度量会带来失真，特别是长周期比较的失真。[1] 笔者建议持续关注海外政策的演变态势，提前做足预判与政策备案。

众多政策应对中，笔者认为，加速推进人民币国际化应该提升至战略地位。早在2008年全球金融危机引发的发达国家量化宽松的实践中，以美元为主的全球货币体系困境便被中国政策层所认知。考虑到"特里芬难题"仍然存在，储备货币发行国无法在为世界提供流动性的同时确保币值的稳定，美元持续贬值将带来外汇储备安全的担忧。

在如今新货币理论已经悄然实践的背景下，国内政策再度面临两难，坚定推进人民币国际化越来越紧迫。笔者建议加速放开资本管制，在鼓励资金流入的同时，也允许资金流出，通过双向流动和更加开放的金融市场政策，助推人民币早日成为国际储备货币。

---

1. 周小川.拓展通货膨胀的概念与度量[EB/OL].https://www.sohu.com/a/435018767_463913, 2020-11-28.

## 第 6 章 构建新发展格局面临的机遇与挑战

虽然挑战难度不容小觑，但令人欣慰的是，内外部环境变化下，"十四五"开局之年，中国经济亦有难得机遇。

从外部来看，拜登取代特朗普入主白宫，预期滥用制裁权力、以大规模关税和制裁为特征的极限施压或有阶段性缓释，而中美在"抗疫"、气候、环保、反恐、核武器等国际议题上的合作也有望恢复。当然，中美关系绝无可能回到过去，双方之间的遏制与合作并存，预期在价值观、产业链与核心技术、区域安全等领域，中美两国将呈现更多交锋。为应对海外变局，持续开放，巩固中欧双边投资协定和《区域全面经济伙伴关系协定》成果，加大与欧盟、日韩的经贸和投资合作，有助中国联合盟友，获得发展空间。

从国内来看，中国决策层已在积极构建"以国内大循环为主体、国内国际双循环相互促进的新发展格局"。《"十四五"规划和2035年远景目标建议》重点强调以科技创新催生新发展动能，通过要素市场化改革加速变革生产方式，打造强大内需市场，持续改善民生、缩小收入差距，注重提升绿色发展水平等。2020年年底中央经济工作会议亦提出，放宽市场准入，促进公平竞争，保护知识产权，建设统一大市场，营造市场化、法治化、国际化营商环境。总之，不断深化的改革和更高级别的开放，坚持"以我为主"，将是大变局时代以不变应万变的根本之道。

# 拜登刺激新政的风险和机会

2021年3月,美国总统拜登签署1.9万亿美元的财政援助计划,把疫情后美国财政刺激总额推升至5.7万亿美元,占2020年美国名义GDP的27%,刺激力度远超2009年次贷危机时期。如何看待拜登1.9万亿美元新一轮刺激新政及其溢出效应?在笔者看来,拜登新政存在四大风险。对于中国来说,美国刺激政策外溢作用下,中国出口将得到大幅提振,但输入性通胀压力会空前加强。中国应该防范美国悄然实践的新货币理论下的财政赤字货币化,做好政策储备,加速推进人民币国际化。

## 拜登新一轮财政刺激的四大风险

为应对疫情,美国政府接连推出大规模财政刺激政策,传统的平衡预算观念不再是束缚,美国财政主导、货币配合的功能性财政新时代渐行渐近。财政过度扩张,现代货币理论下的财政赤字货币化悄然实践,会带来不容忽视的风险。主要体现在以下四点：

首先，存在过度刺激的风险。

依照美国国会预算办公室测算，2021年美国名义产出缺口为4200亿美元，但拜登政府财政刺激规模要显著超过这一水平。1.9万亿美元财政刺激资金中有1.2万亿美元会在2021年使用，加上2020年年底通过的9000亿美元刺激方案，刺激倍数将达到产出缺口的5倍。

相比之下，奥巴马政府应对次贷危机时推出的财政刺激计划要明显低于当时的产出缺口。同样是来自美国国会预算办公室的测算，2009年美国潜在产出缺口为7980亿美元，而奥巴马上台后国会最终批准的刺激总规模为7870亿美元，分配到2009年的支出规模仅为3600亿美元，远低于产出缺口。

其次，存在通胀加剧的风险。

大规模刺激政策是否会带来通胀，各方说法不一。美国前财政部部长萨默斯撰文，质疑拜登刺激恐触发一整代人未见过的高通胀。但美国新任财政部部长耶伦则始终坚持，通胀不足为虑，增长更值得关注。结合最新变化，笔者认为，美国通胀压力已显著上升。

一是需求恢复推升核心通胀上行超预期。以往主要央行应对金融危机，也会投放大量流动性，但在总需求不足背景下，核心通胀水平难以明显走高。本轮美国刺激规模大幅超过产出缺口，国内需求旺盛，导致核心通胀指数上行。

二是大宗商品价格上涨，美国国债收益率攀升，关键指标预示通胀预期抬升。2021年以来，以原油为代表的大宗商品价格加速上涨，带动全球通胀预期抬升。与此同时，美国10年期国债收益率攀上1.6%，也进一步加深了通胀担忧。

三是资产价格显著上涨。现有通胀度量指标存在缺陷，考虑到美国资产价格上涨较多，通胀水平要更高一些。疫情以来，美国资本市场、房地产价格均出现显著上扬。2020年3月底至年末，道琼斯工业指数上涨超过60%；2020年12月，美国标普/CS全国房价指数同比上涨10.4%，也创下7年来最快涨幅。

再次，救助资金对消费和投资的拉动效率不高。

消费方面，虽然救助资金更倾向低收入群体，但该群体疫情之后偿还消费信贷与预防性储蓄的需求大幅增加，转化为消费的比例有限。根据美国沃顿商学院预算模型（PWBM）测算，1400美元补贴最终用于消费的比例预期仅为27%。此外，大规模补贴也带来美国居民储蓄率上升，2021年1月，美国居民储蓄率仍高达20.5%，接近2010~2019年7.4%的平均水平的3倍。

投资方面，美国2020年上半年新冠救助法案的总规模接近3万亿美元，但美国国内私人投资总额直到2020年第四季度才回到疫情之前，企业资本开支恢复较慢，住宅投资受房地产周期上行影响反弹较快。展望未来，1.9万亿美元的拜登经济刺激方案主要以对低收入个人和家庭的资助为主，对企业投资相对较低，这也使美国未来一段时间仍将面临需求大于供给的不平衡复苏情况。

最后，刺激推升债务风险。

美国尽责联邦预算委员会（CRFB）测算，由于新冠肺炎疫情的持续，美国2021财年的政府预算赤字将达到2.3万亿美元，占GDP的10.3%，大规模刺激将推升债务风险。同时，国会批准支出和财政实际支出还存在规模及时间上的出入，亦会增加额外债务负担。

例如，从规模上，实际支出往往不及国会批准规模，根据2021年3月的统计，为应对新冠肺炎疫情，美国国会已批准规模为4.1万亿美元，但实际支出仅为3.1万亿美元，且存在支出用途未明的情况。

而从时间上，批准支出往往领先实际支出，导致大量国债提前融资闲置，增加了额外付息成本。2020年，美国财政部在美联储一般账户（TGA）资金大量增加，相比2006年以来该账户年均280亿美元的增额，2020年年末TGA余额迅速增加1.3万亿美元，大量国债融资资金未及时使用，带来效率损失。

## 美国刺激政策对中国的影响深远

对于中国来说，面对美国的财政强刺激政策，有如下三个方面的影响值得关注：

第一，中国出口高速增长。

尽管美国对华惩罚性关税并未取消，但在疫情造成的美国产业链受阻与大规模刺激带动美国需求快速反弹的背景下，美国自华进口大增。2021年1~2月，以美元计价，中国出口飙升60.6%，其中对美国出口增长87.3%。2020年12月，美国通过9000亿美元的刺激方案，推动美国零售额在2021年1月同比增长10.8%，为1994年3月以来的史上最高增幅。预期1.9万亿美元刺激将进一步带动美国从中国进口高增，特别是消费品和房地产相关商品的需求。

第二,关注输入性通胀的压力。

随着全球经济逐步修复,国际油价、铜价等大宗商品价格底部上升。美国新一轮财政刺激政策将继续提升全球需求,对全球大宗商品价格形成上行支撑,并可能影响我国部分商品的进口价格,对生产价格指数(PPI)等指标产生价格上行压力。中国2021年2月PPI通胀同比已经达到1.7%。此外,考虑到美国民主党自2011年以来首次夺回参众两院控制权,后续财政制约进一步减少,伴随着未来3万亿美元基建方案的推进,输入性通胀压力或进一步攀升。

第三,人民币国际化加速。

自2020年以来,中国较好地控制疫情,经济率先复苏,国内政策正在探讨宏观政策逐步回归正常化的路径。然而,美国为抗击疫情,仍将持续采取大规模扩张的政策,且财政约束越加松散,财政赤字货币化悄然推进。中美经济和政策节奏不同步,难免对国内利率汇率、资本流动形成较大扰动,人民币升值压力不减,中国货币政策需要兼顾内外部平衡,政策独立性受到挑战。

美国新一轮大规模财政刺激政策即将启动,中国货币政策面临内外部平衡的巨大挑战。这也就意味着在全球赤字货币化悄然实践的背景下,做好政策储备,坚定推进人民币国际化,早日走出以美元为主的全球货币体系之困,重要且紧迫。

## 超宽松货币下的资产价格走势

2008年金融危机后,世界主要国家将政策目标利率降至零附近,并实施非常规宽松货币政策,购买以政府债为主的资产,大量投放基础货币、压降长端利率。2020年,新冠大流行再次重创世界经济,美国开启无限量QE,欧洲、日本等国也相继跟进。

回首2008~2020年,世界主要国家维持了长期的低利率和超额货币供给。在超宽松货币环境下,首先,股票走势领先其他各大传统资产,多数国家和地区的股指涨幅达到100%~200%,美股特别是以纳指为代表的美国科技股涨幅最大,纳指涨幅超过7倍。

其次,房价上涨较快,在上升中呈现区域特性,欧美房价受次贷危机影响,先跌后涨,平均涨幅在30%~60%,升幅相对有限;中国房价涨幅较高,平均达75%,且一线城市房价涨幅较大,深圳二手房价格涨幅超5倍。

再次,大宗商品价格有所上涨,CRB(美国商品调查局)综合指数累计涨幅40%,金银、有色等涨幅超1倍。

而债券市场因利率较低,收益相对有限。欧美主要债市累计收益不足20%，中国债市收益较高，达50%。

不过，以比特币为代表的数字加密货币涨幅，远远超过传统资产。凭借"总量不变"和"去中心化"的独特魅力，2009年年初诞生的比特币最初根据耗电量计算，1300个比特币兑换1美元，而截至2021年2月，比特币价格已超5万美元。

## 美国科技股领涨全球股市

超宽松货币政策下，股票受益较大，主要原因如下：第一，利率下行促使股票估值抬升；第二，宽货币促进信贷扩张，低利率降低负债成本，有利于企业盈利修复；第三，大量货币流入股票市场，带来流动性溢价；第四，2019年欧洲央行工作论文认为，量化宽松将会降低股市波动率，提升投资者乐观情绪，进而提升风险偏好。在超宽松货币政策的推动下，标普500指数估值已经超越1929年大萧条前期，直追2000年互联网泡沫时的峰值。

对比全球股市来看，美股涨幅最大，其中又以科技股领先。2008~2020年美国互联网、半导体、新能源类指数ETF涨幅超过10倍，医疗保健、非必选消费类ETF涨幅超6倍，而工业、必选、金融、材料、零售、消费服务、公用等则相对涨幅较小。

## 新兴市场股市整体弱于发达国家市场

借助"国际储备"和"结算货币"地位，面对美国国内较低的利率环境，宽松美元会向世界流动，推升世界资产价格，且往往首先流向增长更快的新兴市场国家。但2008年以来，发达国家市场的股市明显强于新兴国家市场，MSCI（明晟）新兴市场指数和发达市场指数的比值持续走低。一方面，宽松货币就像投入湖中的石子，对离它最近的本国市场影响更大；另一方面，数字化浪潮引领的科技进步提供了巨大的盈利动力，而新兴国家相对落后。

## 欧美房价先跌后涨，中国房价持续走高

超宽货币对房价具有较强的提振和刺激作用。首先，超宽松的货币环境有利于提振市场信心，缓解流动性危机，避免因流动性问题而导致信贷违约。其次，宽货币对距离更近的地区和个人的收入影响更大，进而可能拉大不同地区的房价差距。

欧美等国受到次贷危机、欧债危机影响，房价先降后升。2008年后，美国20个大中城市平均房价指数上升57%，欧盟房价指数上升24%（截至2020年年底）。中国在2008年后整体呈现上升态势，据官方数据统计，全国新建商品房平均价格上涨75%。

国内一线城市房价增速较快。据中原地产统计，北上广深二手房住宅价值指数快速上涨，2008年后平均上涨3.5倍（截至2020年年底）。2013~2017年及2020年后，一线城市与二、三线城市呈现明显分化，一线城市房价加速上涨，而二、三线城市则相对平缓。

## 大宗商品涨幅一般，波动加大

历史上，货币超发往往带来恶性通胀，并在大宗商品价格上有所表现。但2008年以来，美国、日本、欧洲等国央行资产规模与GDP之比上涨了4~7倍，而商品价格的涨幅却相对有限，CRB综合指数仅上涨40%，金属指数上涨127%，工业指数上涨55%，食品指数上涨21%（截至2020年年底）。此外，2007年后商品价格的波动明显增大，以金属价格波动最为明显。欧央行认为，量化宽松影响通胀的路径并非菲利普斯曲线，即通过刺激总需求进而提升通胀水平，而是通过汇率贬值，然而当全球主要国家同时实施宽松货币政策，衡量相对的汇率变化并不大。

具体来看，金银、有色涨幅较大，能源涨幅最小。黄金曾长期被视为硬通货，2008年后在大规模宽松政策和双赤字面前价格上涨121%，但这种涨幅远不及环境相似的20世纪70年代，当时金价从35美元上涨至770美元，上涨21倍之多。相比而言，有色金属表现不俗，铜价上涨140%。而在页岩油开发、新能源发展，以及新冠大流行对交通运输冲击的综合影响下，原油走势较弱，价格仅上涨了13%。

## 债市收益有限，中国高于欧美市场

宽松货币环境下，利率中枢持续走低，虽然给存量带来一定的资本利得，但就长期而言，债券市场的整体收益跟随利率下行而减少。2008~2020年，美国综合债券指数仅上涨13%，而全球债券ETF仅上涨11%。相比之下，经济增速较快、利率更高的中国债券市场收益较高，中债总财富指数上涨57%。

总体来看，股票上涨主要得益于低利率和超量货币供给对估值的推动，此外，科技进步对相关行业盈利也有较大拉动；房产同样受益于超宽松货币，缓解的流动性、信用危机，更多的货币供应和名义收入，重启的通胀预期等，均有利于房价走高；大宗商品价格在超宽松货币下中枢上移，但受供需影响波动加大；债市整体收益相对有限，宽松货币环境下利率中枢下行，压低了债市长期的整体收益。

2021年年初以来，美国10年期国债收益率显著上涨，美元指数触底反弹，引发全球金融市场动荡。作为全球资产定价之锚的美国10年期国债收益率，由年初的0.9%低位几乎翻倍至1.7%，引发全球股市调整；大宗商品与房价纷纷上涨，通胀与资本流入压力迫使土耳其、巴西、俄罗斯等新兴经济体采取加息应对。而美元指数从不到90攀升至92左右，2021年，美元反转将给新兴市场国家的金融市场与货币政策带来何种挑战？

## 拜登新政下的八大看点

随着2021年1月初佐治亚州参议院结果出炉,民主党人意外地横扫总统席位和参众两院,这至少为拜登执政头两年的施政扫清了不少障碍。拜登新政局下,美国政治、经济会迎来哪些重大改变?对全球与中国经济格局又会造成何种影响?在笔者看来,对拜登任期至少可以关注如下八个方面的变化:

第一,把"抗疫"作为头等大事,试图扭转疫情恶化趋势,推动疫后经济复苏。"抗疫"不力是特朗普败选的直接原因,即使到其任期最后阶段,美国仍然深陷病例高增、疫苗接种进度缓慢的困境,导致经济复苏陷入停滞。拜登上台后,首要任务是遏制疫情、恢复美国经济活力,并着力加大新冠检测和追踪力度,加速疫苗接种进度。同时,伴随着民主党横扫两院,政策刺激或明显加大。美国疫情三四月份有所缓解,在此基础上,疫情期间积累的居民储蓄会逐步转化为消费。

第二,财政、货币继续大规模刺激。财政方面,2021年1月14日,拜登公布1.9万亿美元刺激方案,与民主党2020年提议的1.5万亿~2万亿美元基本相符。该方案拟将针对个人的现金转移支付从600美元增加到2000美元，将最低工资增至每小时15美元，并提高地方政府"抗疫"以及疫苗接种的规模。货币政策方面，当前美国就业数据仍然显著差于疫情之前，持续申领失业金人数高达525.8万人，是疫情前的近4倍，且美国货币政策目标更加关注低收入群体，宽松政策或将维持更长时间。美国通胀长期在"1"字头徘徊，且2020年第三季度，美联储转向"平均通胀目标制"，容忍通胀阶段性突破2%，释放出货币延续极度宽松的信号。此外，美联储前主席耶伦出任财政部部长，预示着美联储主席鲍威尔呼吁的"财政与货币配合"有望加强。

第三，特朗普的减税政策将转为拜登的加税政策。特朗普在任期内实施大幅减税，尽管短期内推升美国经济增长，但也留下诸多问题，特别是富人受益过多，加剧美国贫富分化。拜登的加税计划将废除特朗普税改的部分内容，上调企业所得税、针对高收入家庭的个人所得税和资本利得税，并对"美国制造"提供税收补贴。拜登税改方案实际上较为温和，企业所得税上调后（28%）仍大大低于奥巴马时期的水平（35%），个税和资本利得税负担也不会超过奥巴马时期。有鉴于美国政府目前财政状况紧张，拜登方案带来的"开源"能够缓解两党关于赤字和债务的争议，因此有望得到全面的、跨党派的支持。

第四，再拾绿色旗帜，重返《巴黎协定》。特朗普青睐传统能源，对气候变化持否定态度，上任伊始便退出《巴黎协定》。与之相反，对气候变化和可持续性的重视贯穿拜登的纲领。例如，拜登承诺尽快重返《巴黎协定》，并在2050年前实现碳中和，兴建可持续基建和使用清洁能源，这也是其核心主张"重建更美好未来（build back better）"的重要组成部分。预期拜登会在任期内出台一系列指导性政策，如限制传统油气商钻探、提高可再生能源发电比例、在经贸谈判中加入对环境的承诺等。不过，将很难看到新一届政府斥巨资投入绿色建设，原因是拜登任期头两年，财政资源将优先用于"抗疫"和经济恢复，而2022年后中期选举可能使民主党失去控制两院的优势，导致环境相关议案通过的可能性下降。

第五，大型科技企业和金融业受到的监管或边际收紧。拜登的执政纲领并未释放明确的监管信号，但有三点表明他可能在实践中适度加强对科技公司和金融业的监管。一是监管部门对科技巨头的调查正在上升；二是民主党内以桑德斯为代表的"进步派"支持分拆大企业、实施强监管，拜登上任后或面临这一翼的压力；三是拜登与哈里斯均曾在非竞选场合对金融交易税的想法表示支持。

第六，强调"美国制造"，但比"美国优先"时期显著弱化。虽然拜登同样强调"美国制造"，增加政府采购"美国货"的比例，反对企业离岸生产，但相比于特朗普借保护主义巩固美国制造业的激进做法不同，他恐怕不会为了重振制造业而牺牲多边主义、自由贸易的优先目标。在此背景下，美国制造业比重长期下滑的态势难有彻底改变。在笔者看来，困扰美国制造业的根本原因是基础设施薄弱、成本高企及缺乏必要的制造业劳动力培训，解决这些长期问题需要大量的财政补贴和培训支出，远非一些导向性政策和数千亿美元的政府采购就可以达到。

第七，试图重塑美国全球领导力，修复与盟友的关系。早前，在特朗普的"美国优先"方针下，美国退出多个国际组织与国际协定，经贸、防务领域均与盟友疏远，全球领导力严重下降。拜登试图消除特朗普任期内孤立主义的影响，包括重新加入世卫组织、推动世贸组织改革、重回《伊核协定》和《巴黎协定》等。与此同时，拜登也将尝试修复与欧洲和亚太盟友的经贸和防务合作，旨在恢复和巩固"二战"后美国主导的"自由主义秩序"。当然，RCEP签署、中欧双边投资协定达成一致表明，已有主要盟友开始对美国投出"不信任票"，拜登在外交战线将面临艰巨任务。

第八，中美关系进入"遏制+合作"新阶段。对华强硬固然是美国两党共识，但特朗普的施压手段备受诟病，贸易战、技术封锁、强制退市等措施固然对中国经济和部分企业产生了不利影响，但也给美国消费者和企业增加了巨大的成本。可以预见，拜登上任之后，将采取不同的路径对待中国，正如其提名的国家安全顾问候选人杰克·沙利文在《外交政策》上撰文所指出的，美国将"从实力上与中国竞争"，同时"寻求与中国合作"。一方面，中美在全球领导力等层面的竞争加剧难以避免。新一届白宫班子可能提前采取行动，向盟友施压，阻止中国加入CPTPP。拜登暂时不会取消特朗普对华加征的关税，可能会将其作为与中国进行后续谈判或是塑造全球价值链格局的杠杆。另一方面，疫情证明中美在全球金融稳定、气候变化和公共卫生等领域存在共同利益，仍有开展广泛沟通合作的必要。

综上，拜登任期将带来一些变化。对内而言，在2021~2022年民主党控制国会两院的情境下，拜登政府对内将优先强化疫情防控和支持居民、企业渡过难关，加税将大概率通过；同时，民主党在发展新能源、兴修绿色基建、鼓励制造业政策等举措也将有所推进；外交方面，拜登政府将着力修复美国与盟友的关系，重返特朗普退出的多边安排以重塑国际影响力；在对华政策方面或有所微调，但难以回到特朗普上任之前，"遏制+合作"或是主基调。美国大选透露出，美国社会割裂程度较深，"特朗普主义"并未随着特朗普下台而落幕，拜登时代"唯我独大""重塑美国的灵魂"将注定是一段艰难之旅。

# 2021年美元反转的三大原因

回看2020年，美元指数全年跌幅为6.7%，与同期欧元强劲密切相关。2020年欧洲"抗疫"成效整体好于美国，加之2020年年中欧盟就7500亿美元复苏基金达成一致，财政协同上的突破提振了市场对欧洲经济复苏的乐观情绪，因此2020年欧元兑美元升值达8.9%。但是进入2021年以来，美国拜登上台后"抗疫"措施极速见效，大规模刺激政策带动美国经济数据向好，通胀预期攀升推高美国国债收益率显著上行。这三大原因促使美元指数出现反弹，而且也可能使美元在2021年持续走强。

## 2021年美元反转的三大原因

### 第一，拜登上任后，美国疫苗推广速度加快

与特朗普应对疫情的消极态度截然不同，拜登上台任美国总统以来，从隔离、口罩、医疗等方面迅速出台了系列疾控措施，加之疫苗的大规模应用，美国疫情暂时得到了有效控制。截至

2021年8月2日，全美疫苗接种率达到70%。相对而言，欧洲疫苗接种速度较慢，而非洲地区则刚刚开始。预计2021年下半年，美国有望步入经济复苏和美元的反转。

**第二，大规模刺激推动美国经济强劲，经济预期不断上调**

2021年3月，拜登正式签署1.9万亿美元财政纾困计划，把疫情后美国财政刺激总额推升至5.7亿美元。拜登刺激远超美国产出缺口，极大地提振了需求端，支持美国零售大幅反弹。同时，伴随着疫情暂时得到控制，美国劳动力市场也明显回暖。2021年2月美国非农就业人口新增37.9万，远超市场预期。2020年，欧洲疫情防控得力、经济刺激计划顺利推出是支持欧元大幅上涨的因素，但2021年美国经济数据与疫情防控在"德尔塔"病毒反弹之前领先，美联储与经合组织将美国2021年的增长预期上调至6.5%，远强于欧洲和日本。

此外，1.9万亿美元刺激之后，拜登政府又提交6万亿美元财政预算法案，计划加大对基础设施、教育和应对气候变化的支出，一旦新一轮基建落地，也将对美国投资与经济构成提振。美国主流投行预测，美国2021年经济增长率将远高于6.5%的官方预测，甚至有机构认为美国2021年的增速可以和中国旗鼓相当。

**第三，通胀预期攀升，美国10年期国债收益率上升，对美元构成支撑**

2008年金融危机以来，发达国家央行采取超级宽松的货币政策，包括零利率、负利率和量化宽松，但始终未能提升核心通胀上行，国债收益率长期走低。但本轮美国经济复苏，建立在大规模刺激对需求端的支持上，核心通胀指数上行，通胀压力显著增大。如2021年1月美国PCE（个人消费支出）物价指数同比增长1.5%，已接近疫情前的水平。以原油为代表的大宗商品价格加速上涨，美国资本市场和房地产的价格亦在走高。此外，伴随疫苗接种的加快，虽然"德尔塔"病毒反弹，但疫情整体趋势相对好转，接触性服务业逐步恢复，结构性改善将推升更大范围的物价上涨。2021年，作为全球资产定价之锚的美国10年期国债收益率，一度上升至1.75%，而且势头还是看升，对美元走强形成支撑。

## 美元走强与通胀上行对新兴市场的负面冲击

美国国债收益率上扬、通胀预期攀升，使得2021年各国货币政策松紧节奏呈现分化态势。新兴经济体压力加大，不得不率先加息，如2021年3月土耳其央行加息200个基点至19%，巴西央行加息75个基点至2.75%，俄罗斯央行加息25个基点至4.5%。新兴市场饱受疫情困扰，由于其在疫苗分配上的劣势，人均疫苗覆盖率、接种率低，疫情防控存在反复风险。被迫加息将使其经济复苏负面冲击加大，金融市场动荡加剧，让本就脆弱的经济复苏更为乏力。

于中国而言，情况有明显不同。由于国内率先控制住疫情，经济修复全球领先，强劲的出口极大地补充了全球供应链的中断，同时也促进了中国经常项目的顺差上升。考虑到持续开放的吸引外资政策，中国面临的直接投资和证券投资项也有顺差，资本净流出压力要小于其他新兴市场国家。同时，中国的货币政策还维持常规，利率水平比发达国家高不少。因此，2021年人民币汇率大概率仍将呈现小幅升值的态势。但是，同样值得关注的是输入性通胀压力及货币政策内外平衡两难问题。即在中美两国经济复苏与政策不同步的背景下，国内货币政策不仅要做好防风险和稳增长之间的考量，还要更多地注重内外部平衡，鼓励资金双向流动，推进人民币国际化进程。

综上所述，2021年，伴随着美国疫情暂时性的缓和，大规模刺激计划促使经济强劲增长，美国10年期国债收益率加速上行，美元指数或已触底反转，年内大概率呈现盘整上行的态势。而这也会给新兴市场国家带来压力，在土耳其、巴西、俄罗斯相继加息之后，预期越来越多的经济体如印度、马来西亚、泰国等也有望跟随。不难想象，后疫情时代，全球经济将不得不面临着不平衡的复苏、分化的政策及越加波动的金融市场。

# 关注后疫情时代中国经济的六大转变

2020年,中国经济成绩单超出预期。中国GDP首次突破100万亿元大关,全年经济增速达到2.3%,是全球范围内唯一一个实现正增长的主要经济体,逆势向好十分不易。从季度经济增速来看,中国经济自2020年第二季度走出疫情阴霾,率先实现复工复产之后,季度GDP不断走高,第四季度反弹至6.5%,甚至超过2019年单季的最高值。

从拉动经济增长的动能来看,出口和房地产是支持2020年中国经济增长的重要因素,步入第四季度以来,前期恢复乏力的消费和制造业投资也逐步改善,显示经济增长内生动力增强。展望2021年,中国经济将有哪些不同表现?中国经济将面临哪些机遇与挑战?在笔者看来,与2020年相比,2021年中国经济如下六个方面的转变值得关注:

第一,经济增长动能转变,由"供给端拉动"转为"供给需求协同"拉动。

2020年,中国经济供给端复苏领先于需求端,伴随着国内复工复产先行，第二季度国内生产便已恢复至疫情之前的水平。2021年12月，规模以上工业增加值同比实际增长7.3%，超过2019年同期0.4个百分点。而需求端的恢复特别是居民消费的恢复相对滞后，社会消费品零售总额增速自2020年8月才由负转正，至2020年12月，社会消费品零售总额增速达到4.6%，尚未恢复到疫情之前。

2021年，收入回暖带动消费内生动力增强，或为经济反弹蓄势。2020年第四季度，居民收入增速已经反弹至7.1%，接近疫情之前水平。此外，前期多地对特定困难居民定向支持的加大，亦有助于缓解疫后收入差距扩大、拖累消费的局面。整体来看，2021年中国经济疫后复苏或由供给端拉动的结构性复苏向供需联动的全面回暖方向迈进，考虑到2020年的低基数效应，预期2021年全年GDP增速接近9%。

第二，投资增长动能转变，由"房地产基建"转为"制造业"拉动。

2020年，固定资产投资保持韧性，全年同比增长2.9%，是我国面对疫情冲击仍然实现正增长的重要原因。其中，房地产和基建投资率先反弹，全年累计同比分别达到7%和3.4%，保障了国内需求和经济复苏。相对而言，制造业投资修复滞后，全年增长为-2.2%。然而，从更高频的投资变化来看，2020年第四季度以来，制造业投资快速回暖，已替代房地产和基建投资，成为投资端的主要动力。2020年12月，制造业投资增速超过10%，超过同期房地产的9.3%和基建的4.2%。

2021年，房地产和基建投资面临财政政策回归常态、房地产金融调控强化的制约，预计难有明显抬升，对稳增长的支撑边际作用下降；相比之下，制造业投资有望维持强势，成为带动总体投资继续好转的核心驱动力。

第三，出口增长动能转变，由"防疫需求拉动"向"海外回暖拉动"转变。

2020年新冠肺炎疫情大流行重创全球经贸活动，WTO预计全球贸易量下降近10%，但中国出口却逆势增长3.6%。2020年，中国出口增长强于预期，主要得益于以下四方面因素：一是疫情在全球暴发，口罩、防护服、呼吸机等医疗器材需求激增，中国作为上述物品的生产大国，对外出口全年维持高位；二是疫情阻碍正常生活与社交，线上化设备需求量大增，带动中国电子产品出口增加；三是海外供需不匹配，一方面各国为应对疫情出台的各类财政补贴支持了居民消费，另一方面疫情导致各国国内生产能力恢复缓慢，美国、日本、欧洲等发达国家和地区均出现居民消费高于生产的情况，进口相应地有所加大。四是发达国家大规模的刺激支持房地产市场上行，带动中国房地产相关的家具出口。

展望未来，出口增长的动能或将迎来转变。当前全球进入疫苗接种期，但受制于疫苗生产能力不足和当前感染人数较多、新冠肺炎疫情传播快且变异强，2021年上半年海外经济体对中国出口的依赖程度仍然较高。伴随着下半年疫情好转，海外生产逐渐恢复，防疫物资出口、线上化设备出口的高速增长趋势或许会有所下降，全球需求的回暖有望拉动中国出口的因素逐渐从"份额替代"（即中国替代生产能力下降国家的份额）转向"总需求复苏"。特别是疫情压抑的投资需求释放，将促进中国的资本品和中间品出口。总体来看，笔者认为，2021年中国出口仍将保持强劲，但整体增速或呈现前高后低的趋势。

第四，宏观政策由"抗疫非常态"向"疫后常态化"转变。

2020年，中国财政体系发力稳增长非常明显，财政调升目标赤字率至3.6%以上，发行2万亿元特别国债，专项债扩容至3.75万亿元，大幅增加对地方政府转移支付。扩张型财政政策在稳增长的同时，不可避免地推高了政府债务，加剧了金融体系的脆弱性。2020年，中国实体经济部门杠杆率大幅抬升，政府部门杠杆的相对抬升速度最快。国家金融与发展实验室2021年2月发布的报告显示，2020年政府部门杠杆率从2019年年末的38.5%增长至45.6%，增幅达7.1个百分点，高于1998年亚洲金融危机期间5.5个百分点的增幅。2021年，预期财政政策将在稳增长与防风险之间寻求平衡。2020年中央经济工作会议明确积极财政政策将"保持适度支出强度""不急转弯"，为宏观政策由"抗疫非常态"向"疫后常态化"转变提供了路径参考。

2020年，中国的货币政策同样积极。为对冲新冠肺炎疫情影响，中国央行创新政策工具密集出招，巨量货币信贷投放与精准滴灌实体领域相结合，全力稳定实体经济和资本市场运行。全年累计社会融资和信贷分别累计新增34.86万亿元和19.64万亿元，货币政策始终保持在较高水准的宽松态势，助力中国经济基本恢复至疫前水平。2021年，预期货币政策也将体现以稳为主、逐步向疫后常态化过渡的特点。例如，近期国务院常务会议延长延期还本付息和信用贷款支持两项工具的期限，便体现了2021年货币政策以"稳"为主的总体特征。

## 第6章 构建新发展格局面临的机遇与挑战

2020年，房地产对中国经济起到重要拉动作用，但同时，部分实体贷款违规流向房地产领域、部分热点城市房价上涨较快的问题，引发了监管关注。为遏制乱象、减少房地产挤占实体金融资源，2020年下半年，监管密集调控，收紧房地产金融政策。一方面，通过"三道红线"控制房企有息负债规模；另一方面，建立银行房地产贷款集中度管理制度，严格管理房地产贷款增量。2020年年底的中央经济工作会议仍然坚持"房住不炒"的总基调，并且提出"促进房地产市场平稳健康发展"。随着"三道红线""房地产贷款集中度"及后续监管细则的明确，预期2021年房地产降杠杆的趋势不会改变，调控仍然不会放松。

第五，全球经济风险逐步由"防衰退"向"防通胀"转变。

2020年新冠肺炎疫情大流行导致国际贸易和投资急剧萎缩，全球产业链、供应链遭遇冲击，世界经济陷入"二战"结束以来最严重的衰退。国际货币基金组织测算，2020年全球GDP收缩3.3%。2021年，伴随着各地疫苗接种步入快车道，全球经济景气有望恢复。综合各家公共卫生机构和金融机构预测，发达经济体有望在2021年第三季度基本实现群体免疫，领先于人口庞大、卫生条件较为落后、疫苗供给不足的新兴市场国家。在此背景下，预期2021年发达经济体景气改善总体快于新兴市场国家经济的恢复。

与此同时，伴随着经济的恢复与需求端的回暖，前期货币的超发引发人们对未来一段时间通胀的担忧。2021年以来，原材料价格大涨，铁矿石价曾一度创下近7年新高。基本金属、水泥等价格均走高，货运价格攀升，也在一定程度上说明2021年的需求回暖或将带动通胀提升。整体来看，2021年上半年通胀风险整体可控，但伴随着疫苗普及下的经济修复及拜登上台后刺激政策力度进一步更大，预期2021年下半年美国通胀上行快于预期，给中国造成的输入性通胀压力亦值得关注。

第六，中美关系由特朗普的"极限施压"向拜登的"遏制+合作"转变。

中美关系深刻影响全球和中国经济外部环境，是决定未来中国经济走势的关键一环。特朗普对华贸易政策较为极端，多次采取极限施压的形式，推动中美经贸谈判，对华关税加征不断扩大征税范围和税率，但这对美国消费者和企业亦有伤害。拜登不认同特朗普这种"杀敌一千，自损八百"的行为，预期上任后不会加码现有对华关税，也不会沿用特朗普滥用制裁权力的做法，以大规模关税和制裁为特征的中美经贸战或有所缓释。

当然，拜登上任后，中美关系也绝无可能回到过去。

积极之处在于，过去几年，中国承受住了国际环境剧变的"压力测试"。即使是在中美贸易战冲突激烈、全球跨境投资低迷的2018年和2019年，中国仍然高举全球化大旗，保持了开放的姿态，实际利用外资分别逆势增长3%和2.4%，难能可贵。2020年新冠肺炎疫情的情况下，中国凭借更为有效的疫情防控措施率先实现经济复苏，并迅速填补全球疫情造成的供需缺口，成为全球商品最大提供国。此外，中欧双边投资协定和RCEP的签署，促进了中国与欧盟、日韩的经贸和投资合作，有助于缓释美国联合盟友遏制中国。

政策方面，预期中国仍将坚持"以我为主"，畅通双循环发展，通过深化改革开放以应对世界局势。对内强调科技创新地位，拥抱科技趋势，激活数据要素，大力发展数字经济，提升全要素生产率提升，促进经济高质量发展。2020年中央经济工作会议突出强调科技创新地位，预期2021年中国数字经济发展将进入加速期。对外实行高水平对外开放，推动改革和开放相互促进，放松跨境资本流动以推进人民币国际化进程。放宽市场准入，促进公平竞争，保护知识产权，建设统一大市场，营造市场化、法治化、国际化的营商环境。

## 政府工作报告勾勒"十四五"开局之年经济重点

2021年3月5日,十三届全国人大四次会议开幕,李克强总理做2021年《政府工作报告》(以下简称"报告")。这份报告是中国走出疫情,经济向常态化发展背景下的首份政府工作报告,也是"十四五"开局之年,观察未来五年战略布局的重要参考。笔者认为,报告透露出八大政策取向值得关注:

第一,经济增长目标设定在"6%以上",体现经济政策重心从增长速度向增长质量的转变。

2020年,中国政府取消年度经济增长目标的设置,主要是考虑疫情外部冲击不确定的影响。2021年,伴随着疫情防控取得重大进展,国内经济稳步回升,报告恢复GDP目标设置有助于引导市场预期。

考虑到2020年较低的基数,市场普遍认为2021年增长可以超过8%~9%,报告将指标设置在"6%以上"这一相对保守的水平,主要是表明现在经济工作不会刻意追求高增长,经济增长目标从追求速度向追求质量转变。同时,与未来一段时间的经济增速目标平稳衔接。全国政协经济委员会副主任刘世锦预测，中国要在2035年实现跻身于中等发达国家行列的发展目标，今后15年平均增速不低于4.7%。当然，考虑到人民币汇率升值，这一目标并不难达到，相反，未来关注增长质量的提升显得更加重要。

第二，财政赤字超3%，名义支出超过往年，财政政策"不急于转弯"。

报告沿用2020年年底中央经济工作会议对财政政策的表述，即"积极的财政政策要提质增效、更可持续"。2021年财政重点是恢复经济，稳定就业和增加收入。从两会财政指标设置来看，积极财政力度超出预期，仍保持对经济恢复的必要支持。

首先，财政赤字率3.2%，虽然比2020年的3.6%要低，依然突破了3%这一经验上的警戒标准，且比疫情之前2019年正常年份2.8%的水平要高。其次，2021年财政收入会有恢复性增长，财政支出总规模要比去年增加，新增专项债规模与2020年相近，说明保就业、保民生、保市场主体的支持力度不减。特别是政府工作报告提到，中小微企业和个体工商户困难较多，要注重用改革和创新办法，助企纾困和激发活力。最后，建立常态化财政资金直达机制，在2020年2万亿元的基础上，中央财政直达资金增至2.8万亿元，纳入机制，体现对市县基层财政压力的关注。

当然，针对积极财政是否会引发债务风险，需要重新理解。中国财政科学研究院院长刘尚希判断，财政风险不一定要再以财政收支平衡作为基准，传统赤字率不能超过3%、债务不能超过60%的指标，不应作为金科玉律。债务可否持续，关键在于利率高低。这意味着后续为稳增长，防范债务风险，国内利率将在很长时间里维持低位。

第三，货币政策"稳"字当头，收紧空间有限。

政府工作报告中提出，"今年要优化存款利率监管，推动实际贷款利率进一步降低，继续引导金融系统向实体经济让利"，同时，"保持货币供应量和社会融资规模增速同名义经济增速基本匹配"。考虑到2021年实际经济增长将增至8%左右，通胀2%左右，名义增速大概率要超过10%。2021年1月，广义货币供应量M2已经下降至9.4%，低于10%。

此外，考虑到如下几个方面因素，预期2021年货币政策不会比2020年收紧：一是当前海外央行仍在放松，国内货币政策收紧推升利差，推升人民币过快升值，不利于出口竞争力；二是利率维持低位，是与积极财政协调配合、防范财政风险的需要；三是"十四五"开局之年，各地投资布局加大，仍需积极政策支持；四是当前国内通胀尚且可控，暂未对货币政策形成制约。根据清华大学五道口金融学院谢平教授的判断，2021年货币政策大概率会维持宽松状态。但在结构上将"有保有压"，限制房地产相关贷款规模，投向小微、扶贫、制造业、乡村振兴、绿色金融等重点领域的资金支持不减。

第四，坚持扩大内需战略基点，促进消费与投资有效结合。

在2020年7月明确加快构建双循环新发展格局的战略背景下，报告分别就扩大消费和提升有效投资做出重点安排。

一是强调稳定和扩大消费，如"健全城乡流通体系，加快电商、快递进农村，扩大县乡消费""发展健康、文化、旅游、体育等服务消费""运用好'互联网+'，推进线上线下更广更深融合"等成为发力点。此外,数字经济时代,还需加快发展流通体系,推动国内国际循环相互促进。

二是扩大有效投资,如新增专项债优先支持在建工程、合理扩大适用范围,推进新型基础设施、新型城镇化和交通水利等重大工程"两新一重"建设,政府投资更多向惠及面广的民生项目倾斜等。2020年,国内固定资产投资保持韧性,主要靠房地产和基建投资带动,制造业投资修复滞后,全年增长为-2.2%。2021年,扩大有效投资,重在制造业投资的修复,而更好地吸引民间投资是保持投资后劲的关键。

第五,强调科技创新,鼓励企业加大研发投入,推升数字经济的作用。

2020年年底中央经济工作会议突出强调科技创新的战略支撑作用,2021年政府工作报告仍然提出促进科技创新与实体经济深度融合,支持有条件的地方建设国际和区域科技创新中心。

未来,数字经济的作用将进一步凸显。疫情中,数字经济彰显巨大韧性,不仅保持了蓬勃发展的态势,而且对维护正常的经济和社会秩序发挥了重要作用。目前,中国正处于数字经济和实体经济深入融合的第二阶段,即产业数字化和数据资产化阶段。大数据、云计算、人工智能、区块链、物联网等新一代数字科技与实体经济加速融合,带来新产业、新模式的无限可能。

此外,政府工作报告同样强调培育数据要素市场,而当前数据要素市场面临政府数据开放、社会数据流动及数据安全保护等难点。应推进政府数据开放共享,提升社会数据资源价值,鼓励专业机构运用自身数字能力打造底层数据基础设施。

第六，增进民生福祉，全面实行乡村振兴战略。

脱贫攻坚战役完成后，"十四五"期间，全面实施乡村振兴战略成为重点，政府工作报告也对此多加表述，提及提高土地出让收入用于农业农村比例，强化农村基本公共服务和公共基础设施建设，促进县域内城乡融合发展等。各项农村改革相关工作，如农村集体经济发展、农村土地改革等，也将继续推进。这有助于带动农民财产性收入提升，利好缩小收入差距与农村消费潜力的释放。

住房保障方面，报告仍然延续"房子是用来住的，不是用来炒的"这一定位，强调稳地价、稳房价、稳预期，解决好大城市住房突出问题。银保监会主席郭树清在国新办举办的发布会上亦表示，房地产现在金融化、泡沫化倾向还比较强，银保监会将进一步采取一系列措施。这说明后续抑制房地产泡沫的政策仍将持续。

第七，做好碳达峰、碳中和，促进绿色经济发展。

2020年9月，习近平主席在第七十五届联合国大会一般性辩论上首次提出了碳排放的"3060"目标，即中国二氧化碳排放力争于2030年前达到峰值，努力争取2060年前实现碳中和。2020年12月的中央经济工作会议已经明确提出，将碳达峰和碳中和作为2021年的八大重点任务之一；2021年两会的政府工作报告进一步提及，要扎实做好碳达峰、碳中和各项工作，制定2030年前碳排放达峰行动方案。作为高质量发展的重要组成部分，碳达峰和碳中和已成为全国各地"十四五"规划的关键词。

2021年是"十四五"的开局之年，也是实质性落实碳达峰和碳中和目标的元年，碳达峰和碳中和对推动经济高质量发展、构建新发展格局具有重要意义。报告指出，要"优化产业结构和能源结构。推动煤炭清洁高效利用,大力发展新能源,在确保安全的前提下积极有序发展核电。扩大环境保护、节能节水等企业所得税优惠目录范围,促进新型节能环保技术、装备和产品研发应用,培育壮大节能环保产业,推动资源节约高效利用。加快建设全国用能权、碳排放权交易市场,完善能源消费双控制度。实施金融支持绿色低碳发展专项政策,设立碳减排支持工具"。2030年前碳达峰,2060年前实现碳中和,标志着国内绿色转型加速升级,中长期内蕴藏相关主题投资机会。

第八,坚持高水平对外开放,深化多边和区域经济合作。

2020年疫情大流行下,中国出口弥补了全球产业链供给不足,逆势上涨;同时,中国积极推动对外开放,在双边和多边经贸协定方面取得超预期进展,使得外资看好中国,FDI逆势增长,跃升至世界第一。同时,大规模刺激之下,美国通胀预期再起。根据笔者研究,疫情暴发后,美国自各经济体进口制成品价格明显攀升,但自华进口价格平稳,即便在人民币升值的情况下也没有上涨,说明中国供给对平抑美国物价压力效果明显。

因此,笔者认为,只要坚持深化改革开放,中国巨大的市场和最完备稳定供应链的基本面,其实是维持中美关系最好的压舱石。2021年,中国依然延续开放政策,报告提及推进RCEP协定尽早生效实施,签署中欧双边投资协定和加快中、日、韩自贸协定谈判,考虑加入CPTPP等,有助于吸引外资。此外,在发达国家央行悄然推进新货币理论实践的背景下,未来,人民币国际化具有战略意义。后续加速推进人民币国际化,鼓励资金双向流动,已成决策共识。

# 创纪录增长后,中国出口如何演进

2021年,中国外贸迎来"开门红"。以美元计价,1~2月出口飙升60.6%,进口增长22%。尽管疫情期间中国发挥强大的供给能力,以出口填补全球供需缺口,但同比逾六成的增速是2007年海关公布同比数据以来最高的,这一点值得关注。

强劲表现能否持续?出口动能是否将转换?2021年3月5日政府工作报告提出的诸多工作目标与出口密切相关,如"推动进出口稳定发展""加强对中小外贸企业信贷支持,扩大出口信用保险覆盖面",并对推进多个双边、多边经贸协定提出进一步要求。探究此次出口"开门红"的成因,并结合政府工作报告外贸政策部署进行分析,有助于厘清2021年及以后中国出口的动能所在。

## 创纪录增速如何达成

出口的供给层面主要受2021年"就地过年"安排的驱动。

2020年年初，由于新冠肺炎疫情形势严峻，中国采取严格防控措施，部分经济活动暂停。2020年前两个月出口下降17.2%，因此存在低基数的一次性因素。

但即使剔除基数效应，在"就地过年"的安排下，2020年第四季度取得的两位数增长表现也能够延续。2021年年初，疫情总体已经得到控制，但局部仍有复发风险，各地提倡居民春节期间尽量"就地过年"，减少人员流动和集聚，因此企业能够较早开工并交付出口订单。

出口的需求层面得益于外需全面回暖。分国别出口几乎全线增长，2021年1~2月对美国、欧盟、东盟、日本出口分别增长87.3%、62.6%、53.0%、45.5%。这背后存在以下两重因素：

一方面，气温开始回暖，疫苗接种加速，发达经济体逐渐走出秋冬疫情，经济活动景气度上升。至2020年2月，摩根大通全球（除中国）制造业PMI达到55.1，服务业PMI达到53.0，均为疫情暴发以来最高值。从其他出口国的表现看，2021年前两个月，韩国出口增10.5%，越南出口增23.3%，亦对全球需求复苏构成印证。

另一方面，海外财政刺激再次扩大消费需求。2020年12月，美国通过9000亿美元的刺激方案，推动美国零售额1月同比增长10.8%。一旦增量需求无法由国内生产所满足，那么通常需要进口来填补。对比美国，欧盟、日本并未推出进一步财政扩张的方案，这可能也是中国出口全面上升但对美出口领涨的原因。

海外防疫需求和房地产繁荣，仍是出口的两大主动力。分品类看，2021年1~2月出口增速全面高于2020年第四季度，其中增幅突出的仍是2020年表现抢眼的防疫物资（纺织纱线、织物及制品增60.8%，塑料制品增82.5%，医疗仪器及器械增75.3%）和地产家居（计算机增80%，家用电器增93.7%，家具增81.7%，灯具、照明装置及其零件增122.1%）。

## 后疫情时代出口动能何在

总体而言，中国供应链展现出强大的韧性和弹性，"稳住外贸外资基本盘"的目标超额完成。对于海外经济体而言，中国出口的作用尤为突出。例如笔者曾经分析过，2020年中国占各国进口比例全线上升，美国甚至可能出现了为规避关税而少报自华进口金额的现象；此外，中国出口还起到了稳定美国通胀的作用。

在此背景下，必须回答的问题是，在全球从"抗疫"转向"免疫"，经济动能切换之际，如何理解下一阶段的出口动能和政策取向？在笔者看来，2021年全年中国出口增速或呈现"前高后低"的现象，60.6%的增速不可持续，但全年仍有望取得两位数增长。而在数据背后，需要关注三点结构性转变：

首先，是从"量升"到"质变"。应当指出，疫情的供给冲击具有特殊性，伴随主要发达国家疫苗接种加快、制造业活动恢复，部分受疫情推动的出口可能难以维持高增。例如，疫苗之外的"抗疫"物资需求可能下降；随着库存极度吃紧，超低利率驱动的海外房地产繁荣终将回落，家居产品出口将面临压力；劳动密集型生产或恢复外迁，影响中国相关出口。在此背景下，2021年政府工作报告提出"稳定加工贸易"，进出口"量稳质升"，意味着接下来出口的发力点将不再是加工商品，而是高质量的、具有国际竞争力的商品。特别是在疫后海外迎来新一轮投资周期时，资本品和中间品有望成为中国出口的核心动力。

其次，是以多边体系促进外贸发展。2020年，在稳住外资外贸的同时，中国还在对外开放领域取得超预期突破。2021年政府工作报告亦在这一方面提出诸多部署，如推动RCEP生效实施，签署中欧双边投资协定，加快中、日、韩自贸协定谈判，积极考虑加入CPTPP。从贸易的角度来说，推进上述协定的谈判、签署和实施，将有助于推动关税成本下降，实现原产地成分互认，促进与其他缔约国的经贸一体化；而另一方面，经贸协定中的约束性规则也能够反向促进国内改革。

最后，是改善出口的不均衡问题。出口强劲增长的背后，亦存在着失衡问题。从品类看，"抗疫"、居家受益程度明显高过一般消费品；从出口厂商看，不同规模企业的受益程度也大相径庭。PMI数据显示，大、中、小型企业的新出口订单指数明显分化，2021年2月大型企业指数为53.5，而中型企业只有42.9，小型企业更是滑落到35.1，接近中国疫情初期的谷底水平。疫情冲击导致部分中小企业退出市场，大型企业出口占比提升，其影响可能进一步传导至收入端和需求侧，损害经济复苏动力。在笔者看来，政策层面应加紧落实2021年政府工作报告提出的"加强对中小外贸企业信贷支持"，提振贸易整体活力，避免中小出口企业的生存困境扩散到其他经济领域。

图书在版编目（CIP）数据

中国经济的韧性 / 沈建光著. -- 北京：中国友谊出版公司, 2021.10
ISBN 978-7-5057-5295-5

Ⅰ.①中… Ⅱ.①沈… Ⅲ.①中国经济—经济发展 Ⅳ.①F124

中国版本图书馆CIP数据核字(2021)第164759号

著作权合同登记号　图字：01-2021-5371

| | |
|---|---|
| 书名 | 中国经济的韧性 |
| 作者 | 沈建光 |
| 出版 | 中国友谊出版公司 |
| 策划 | 杭州蓝狮子文化创意股份有限公司 |
| 发行 | 杭州飞阅图书有限公司 |
| 经销 | 新华书店 |
| 制版 | 杭州真凯文化艺术有限公司 |
| 印刷 | 浙江新华数码印务有限公司 |
| 规格 | 880×1230毫米　32开<br>9.375印张　210千字 |
| 版次 | 2021年10月第1版 |
| 印次 | 2021年10月第1次印刷 |
| 书号 | ISBN 978-7-5057-5295-5 |
| 定价 | 65.00元 |
| 地址 | 北京市朝阳区西坝河南里17号楼 |
| 邮编 | 100028 |
| 电话 | （010）64678009 |